中華武術大觀

肆

图书在版编目(CIP)数据

张业金专辑:岳家拳技击术/张业金编著.—武汉:湖北科学技术出版社,2016.4

(中华武术大观)

ISBN 978-7-5352-8595-9

Ⅰ.①张… Ⅱ.①张… Ⅲ.①拳术—基本知识—中国Ⅳ.①G852.19

中国版本图书馆CIP数据核字(2016)第072849号

责任编辑:谭学军 徐 竹　　封面设计:胡 博

出版发行:湖北科学技术出版社　　电话:027—87679468

地 址:武汉市雄楚大街268号　　邮编:430070

(湖北出版文化城B座13—14层)

网 址:http://www.hbstp.com.cn

印 刷:随州大同文化有限公司　　邮编:441300

787×1092 1/16　8.5印张　4插页　115千字

2016年7月第1版　2016年7月第1次印刷

定价:38.00元

張業金

岳家拳技擊術專輯

長江出版傳媒
湖北科學技術出版社
南粵出版社

責任編輯　葉生剛　李愼謙　董陽　危百侶
執行編輯　李愼謙
封面設計　洪清淇
攝　　影　孔可風　國寶
插　　圖　鴻鸝

書　　名　張業金專輯•岳家拳技擊術
（中華武術大觀•肆）
編 著 者　張業金
聯合出版　南粵出版社
香港域多利皇后街十號801室
SOUTH CHINA PRESS
Rm. 801，10 Queen Victoria Street，Hongkong
湖北科學技術出版社
武漢市雄楚大街268號出版文化城B座13-14層
發　　行　三聯書店（香港）有限公司
香港域多利皇后街九號
JOINT PUBLISHING（H.K.）CO.，LTD.
9 Queen Victoria Street，Hongkong
印　　刷　陽光印刷製本廠
香港柴灣嘉業街十號12摟
版　　次　1991年1月香港第一版第一次印刷
規　　格　16開（184 × 260mm）136面
國際書號　ISBN 962•04.0880 • 2

1

2

1.張業金在傳授岳家劍術

2.張業金在傳授岳家棍術

3.碩果纍纍——張業金（後排左二）同獲獎學生及裁判員合影

3

4～15 張業金示範岳家拳的實用技法

4.周倉扛糧

5.天羅地網

6.獅子搶球

7.降龍伏虎

8.站樁似釘

9.左龍形步

10.白蛇吐信

11.獅子張口

12.仆步閃跌

13.青龍翻身

14.獅子救球

15.嚴陣以待

總　　序

中華民族，歷來文武并重，“乃武乃文”（《書•大禹謨》）。最初建立國家，都是以武來完成的。周武王於牧野誓師，號令：“稱爾戈，比爾干，立爾矛。”滅掉暴君商紂，立即“歸馬於華山之陽，放牛於桃林之野。”（《書•武成》）春秋宣公十二年，楚敗晉師於邲，楚子明確地指出：“夫文，止戈爲武。”接着進一步指出：“夫武，禁暴、戢兵、保大、定功、安民、和衆、豐財者也。”也就是“武有七德”的說法。武，不可一日廢，但決不提倡“耀武觀兵。”

古代教學，也是文武并重。《周禮•地官司徒•保氏》：“保氏掌諫王惡；而養國子以道，乃教之六藝。”其中“射”與“御”，即着眼於培育國防人才。《文獻通考•選舉考•武舉》：“漢興，六郡良家子，選給羽林期門，以材力爲官，名將多出焉。”《事物紀原•學校貢舉部•武舉》：“《唐會要》曰：‘三年正月十七日，詔天下諸州，宣教武藝，每年準明經進士，貢舉例送，此武舉之始也。’”漢、唐以後，歷代相沿。雖有起落，并未中止。

當然，今天的武術運動，只是整個體育事業中的一個組成部分。由於時代的推移，它的作用，應當賦予新的內容。在增強全民體質、提高世界武術運動水平的前提下，挖掘整理傳統套路和鍛煉方法；研討修身養性、攻防技擊等有效成果，以之公諸同好，作他山之助。

本叢書基於上述目的，分輯陸續出版。舉凡各門派有代表性之拳、械具鮮明特色者，兼收并蓄，百花齊放，四海一家，無分軒輊。

“天行健，君子以自強不息。”願八方風動，我武維揚。

《中華武術大觀》編委會

目　　錄

序　篇

一　岳家拳的源流

岳家拳爲宋朝民族英雄岳飛所創。目前的岳家拳術，相傳是岳飛的第四子岳震和第五子岳霆避難於鄂（湖北省）時（現湖北省黃梅縣境内尙存有岳震、岳霆墓，見圖一），將此拳術傳授於民間而得以流傳下來的。

據居住在湖北廣濟縣（今武穴市）岳家垸岳飛第二十八代孫岳海泉所獻的《岳氏宗譜》(見圖二、圖三)、《黃梅縣誌》以及《宋史》的記載：岳飛當年在瀘、洪、鄂等一帶作戰頻繁，宋紹興元年（1131年）與李成作戰時，曾率部進駐湖北東部的黃梅，及後轉戰洪州（今江西省南昌市），并將隨軍的第四子岳震和部分將士留駐楊梅嶺（今黃梅、武穴、蘄春三縣交界處）。宋紹興十一年（1141年），岳飛蒙難，第五子岳霆逃至鄂與岳震同隱是地。二人矢志爲報父仇，因而不問寒暑，苦習岳家拳術。紹興三十二年（1162年），宋孝宗立，岳飛冤案得以平反昭雪，其後裔牢記先祖“精忠報國”的遺訓，歷代習武至今。《廣濟縣誌》記載：明代萬曆甲辰三十二年（1604年）李甘來、清朝順治十八年（1661年）饒武中、張峻基等武進士，均以在岳家垸學藝而成名。清朝中葉，岳飛第二十三代孫岳立三也曾考中武舉。後因官場失意，入观爲道士。

岳家拳在鄂東一帶流傳時間雖長，但因金、元時期禁止學練而沉寂，直至明末清初，才重新發展到鼎盛時期。據廣濟縣陽城區翟家畈垸的老拳師翟中水所獻的《岳家拳譜》（清朝中葉手抄秘本）（見圖四）中記載：其祖父翟應元的師傅田德和因報私仇，從無尙道人學習拳藝。苦練十年，盡得岳家拳精髓。藝成後四處仗義行俠，鋤奸除惡，成爲鄂東一帶武術宗師。田德和後來把岳家拳術傳授給翟應元，翟應元傳庫伯芝，庫伯芝再傳朱付業。筆者父親張爲松從師於朱付業，因而知道岳家拳術的源流。

1982年間，筆者深入廣濟縣調查，發現全縣共有岳家拳師二百七十四人，而習學岳家拳術的青年，更遍及城鎮鄉村，因而有“岳家拳之鄉”的美稱。

圖二　部分《岳氏宗譜》

圖三　《岳氏宗譜》中的"第二十五代序"

圖一　現存於湖北省黃梅縣境内的岳震、岳霆墓

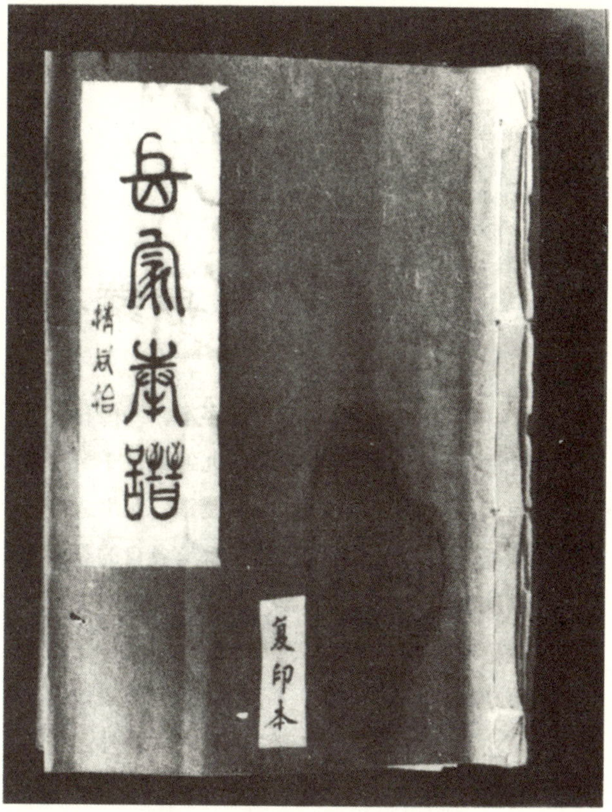

圖四　清咸豐年間《岳家拳譜》手抄本(複印本)

圖五　《岳家拳譜》中的"八法解注"

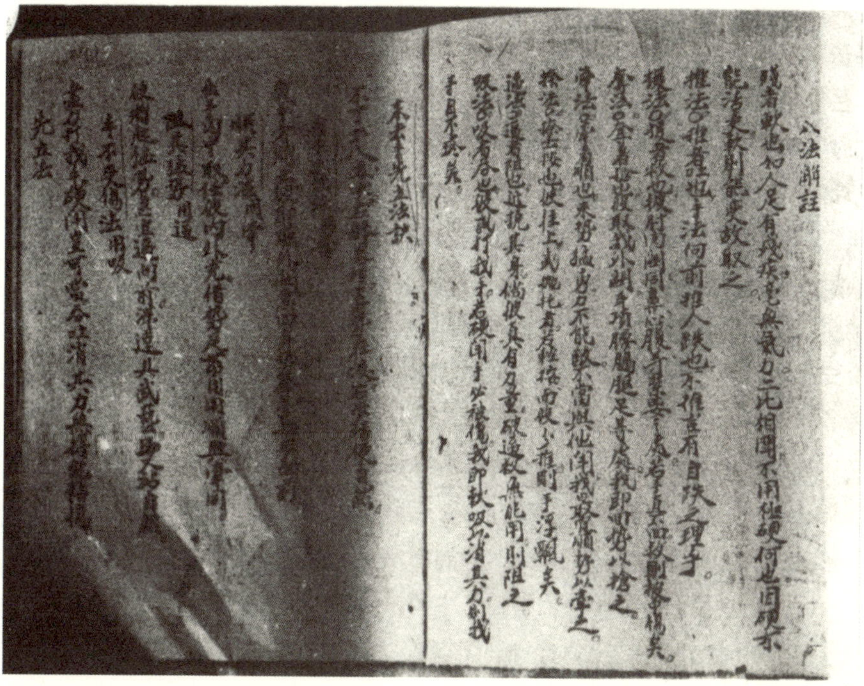

二　岳家拳概述

岳家拳拳術套路有：一字拳、二梅花、三門樁（雙三門）、四門架、五法、六合、七星、八法、九連環、十字樁。器械套路有：六合單刀、青龍大刀、鈎鐮槍、岳家槍、雙鐧、九牛造欄棍等。拳術套路動作古樸，簡練易學，除循序漸進外，又都有各自的訓練重點和要求。一字拳、二梅花主練拳法，要求拳從腰、胸出，力達拳尖。三門樁（雙三門）、四門架主練樁功架勢，丁不丁、八不八的柳葉樁是岳家拳的主要步法。要求習武者樁功扎實，步子穩固，落地生根，進退快速，閃展自如。五法主練手法、眼法、身法、勁法和步法。六合主練外三合和內三合。內三合：心與意合、意與氣合、氣與力合；外三合：手與脚合、肘與膝合、肩與跨合。七星則要求頭、肩、肘、手、胯、膝、脚處處都能迎敵進擊。八法主要是練習殘、疾、援、奪、牽、捺、逼、吸等八種打法（見圖五）。九連環、十字樁則是集岳家拳各基本套路精華的綜合套路，習來可靈活使用，十面迎敵出擊。

岳家拳實戰價值大，技擊風格獨特。進攻以“雲霧抛托”“五峰”“六肘”爲主，防守則以“吞樁”“圓斷”“拂擊”見長。一招一式，非攻即防；一舉一動，非擒便拿。處處防中有攻，攻中設防。有時以勇猛取勝，“脚踏中門搶命進”；有時又以技巧制人，“點穴、卸骨不饒人”。眞眞假假，虛虛實實，快速多變，靈活機動。它是武壇百花園中的一朵芳香四溢、永不凋謝的奇花。

三　岳家拳技擊簡論

流傳於鄂东一带民間的岳家拳，歷經數百年不衰，并能稱雄於世，是有其獨特的技擊法則的。茲將其特點簡述如次：

（一）　三種戰術

（1）消打合一，乘虛而入

消是防守，打是進攻。在攻擊中，怎樣處理好防守與進攻這兩者之間的關係，是任何拳種都必須重視的問題。有的注重先防守而後進攻；有的則要求一邊防守一邊進攻；也有的是以進攻代替防守。而岳家拳則講究消打合一，把防守與進攻這兩種動作糅合在一起，并在一次性的動作中連續或同時完成。這種技擊法快速、連貫、多變、獨特。例如："單刀赴宴"一勢，兩者相搏，甲方以拳（左右都可以）向乙方胸部衝打。乙方只需略屈臂上抬，消解甲方的直衝力，然後趁甲方力末或收拳的同時，再直臂進掌，乘虛而入。這種技擊法在岳家拳中佔着主導地位。

（2）攻中設防，三點齊下

岳家拳在技擊中一般都採用以靜制動，後發制人的打法，但又不拘泥於這一種打法，有時也主動進取。在主動進取的過程中，同時嚴密設防，在萬無一失的掩護下，再行進攻。爲了確保進擊成功，多採用上、中、下三路齊攻的打法，使對方無法防範。如："虎抱頭、封膝腿、撲面抓、頂心肘、同彈腿"這一招式就是最典型的例子。進攻者首先屈兩臂於胸前，拳護其頭，肘護其胸；同時略抬起前腿，封死對方的膝，使其無法提腿進攻；待一接近對方時，則兩拳變爪直撲封方面門，兩肘由上而下直砸對方的心窩，并提起前腿略回收後再彈其襠部。

（3）知己知彼，量力而行

力，在岳家拳技擊中有兩種解釋：一是指人本身的母力；二是指人本身的技藝。在岳家拳術技擊拼搏中，它特別強調要"知己知彼，量力而行"這一點。拳譜中說："我力大，不宜閃躲；自力小，要用消脫。"如果自己的力量（技藝）勝過對方一籌，那麼在進攻中，就可以直進洪門，單刀直入，猛攻猛打；在防守時，無需躲閃，就可以硬接硬打。如果自己的力（技藝），比封方小，在進攻時，則只能走黑門（即對方的兩旁或後面）進取；防守時，也只能用消化或閃轉來應付，特別禁忌逆向而行。怎樣才能知己知彼，除直接觀察外，還必須先進行試探，這將在八種打法中再詳細介紹。

（二） 四種空練

岳家拳術的技擊除在戰術上有自己獨到的特點外，在平時的睡、食、談、行上也有較高的要求。不許練武者在任何時候有空閑和懶散的時間，要時時、處處及事事都考慮到妥善應付來自各種不同的攻擊。

（1）睡，我在床上眠，似人立我前，思他手足動，我用推與牽。

（2）行，我在途中行，似人與我爭，儼然他手發，我手不留情。

（3）食，我在筵前食，似人與我敵，恍然他手來，我手思逼吸。

（4）談，我與人共談，恐人即粘殘，我心先防着，人來難上難，時時這樣練，何時有空閑。

（三） 八種方法

凡技擊除尚術之外，還應尚法。法即技擊的主要具體方法，岳家拳技擊法由：殘、疾、援、奪、牽、捺、逼、吸等八種方法組合而成。其中有探，有防，有攻，有救。他們可各自爲政，單獨出擊；也可互相配合，子母連環。

（1）殘：殘者，試探也。特別強調先探準對方的實力，然後再根據自己的實力採取進攻的對策。

爲什麼叫“殘”呢？因爲在進行試探的時候，手要求像殘廢人那樣軟而無力。但初出手要軟，到點再用力，如對方有防備，即是試探，對方無防備或反應稍遲，我則立即出擊。這種手法快速多變，眞假難辨，有利於打亂對方的防範。

殘，在拳譜中還有另一種解釋，即“狠辣”。由於時代的局限，多少年來，這“殘”字給人們形成了一種不正確的概念。其實，眞正對敵的時候，是應該掌握“容情不交手，交手不留情”的原則的。

（2）疾：疾者，標也。標，就是標手，即二龍搶珠，是繼試探之後，主動進攻的一種手法，標手出擊輕快，手段也十分狠辣。本拳尤擅長標手。

疾，在拳譜的解釋中也有快速之意，拳譜云：“熟手打生手打巧，熟手打熟手打快。”動作快速，對防守和進攻均有利。

標手出擊時，只須中、食二指向前點擊，無需花大力氣，既可省力，又可打擊別人的要害，一舉兩得。標手陰出陽歸，雙手相互配合，一攻一防，給人的威脅較大，殺傷力也較強。

（3）援：援者，救也。“欲要進取，先必自救。”在嚴防的情況下，再考慮進攻別人，這是岳家拳技擊中的一個原則。

援，在拳譜中也稱爲圓。岳家拳在防守中大多數是採用圓弧的手法和以身爲軸，脚走八卦等方法去消化，順化和消脱對方強而有力的直力進攻。“手不走圓，技藝不全”，是評價一個人的武功好壞的標準。例如岳家拳的“雲霧、拂吉”等重要防守手法，都是以走圓爲主。

（4）奪：奪者，搶也。是一種快速的反擒拿手法。對付擒拿在其他的拳種門派裏，有的則以順化解擒拿，有的則以巨力抗擒拿，而岳家拳則以一種快速的搶奪手法去反擒拿，當對方的擒拿手快要到來之前，則以更快的速度和擒拿手法去擒拿對方，以此取勝。在岳家拳拳譜上，認爲是“以其人之道，還治其人之身”。

（5）牽：牽者，順也。牛的直力較大，如與其鬥直力，則往往會敗北，如果抓住其弱點——鼻子，那就用不了多大的力也能牽動它，并能隨心所欲。對付來勢兇猛衝力或打擊，岳家拳在技擊中也採取同樣的方法，即借來勢前衝的力量，順勢以牽之，使其前傾。

（6）捺：捺者，按也。按是一種向下的力量，它可以破壞對方直來的力，也可以將對方按倒在地進行制服。捺，是岳家拳技擊中的一種防守手法。對付對方的直衝來的力，岳家拳防守除上抬，下按之外，還有左、右抹之技。

（7）逼：逼者，阻也，阻而不發也。根據力學原理分析，在一次出擊的力量中，可分爲四種力，初出爲幼力，中間爲次力，最後爲勁力，回收爲末力。在防守中，幼力和末力是最好的防範時機，岳家拳在技擊中，較擅長近戰，而在近戰中更能發揮阻的技術，使對方始終處於被動的局面。

（8）吸：吸者，吞粘也。岳家拳術在技擊中，對付外來的力除用逼法之外，還講究用吸法。吸法分三步驟：①伸，先前伸手或足去迎接對方出擊的手或足，此動以較接近對方爲宜；②吞，待迎接住了對方的手或足後，則不能停住不動，應隨着對方前伸的力後吞（退），這樣不至於受衝力而致傷；③粘，要求像糯米一樣，緊緊粘住他的手或足，使他甩不掉，走不脫，然後至對方末力時，再乘虛進擊。

（四）十種忌法

在技擊中，爲了更好地發揮技術水平，使之無堅不摧，戰無不勝，岳家拳在意識形態中也有較高要求：一忌兇相，二忌怒貌，三忌緊膝，四忌硬立，五忌亂推，六忌抬肩，七忌用力，八忌洩氣，九忌畏法，十忌退縮。

技　擊　篇

一　預備式及其實用法

拳術擊技預備，是拳術擊技中必不可少的基本姿勢，出於實戰的需要，它們中有的立樁穩固、防守嚴密，以利擊破對方突然襲擊；有的便於移動，善長進攻；也有的兩者兼備，能攻善守。在激烈的千變萬化的拳術擊技中，只有熟練地掌握各種正確的預備式，才能在任何情況下，使自己攻、守均能處於有利的位置。拳譜云："腳踏中門奪地位，左右設防穩抄勝。"出於實戰的需要，岳家拳在長期的實踐中總結、歸納出了"柳葉樁、三門樁、白蛇吐信、獅子張口"等以攻爲主、攻防結合的擊技預備式。

（一）　柳葉樁

（1）甲*立正姿勢站立（圖 A-1）。

（2）甲上體右轉45°，左腳向前上半步，腳尖微向右前方，右腳尖外轉45°，兩腳之間距離略同肩寬，身體重心在兩腿之間，兩掌隨兩臂自然下垂於身體兩側（圖 A-2）。

實用技法：

1. 乙左腳在前成左弓步，雙拳向前同時衝打甲鼻面。甲的左右兩掌立即沿身體中綫上抬至面前再向兩邊分撥乙雙小臂（圖 A-3）。

2. 緊接上動，甲左腳向乙襠中上半步，右腳隨向前跟上半步成弓步；同時兩掌變拳用拳背擊打乙太陽穴（圖 A-4）。

（二）　三門樁

（1）甲立正姿勢站立（圖 A-5）。

（2）甲上體左轉90°，右腳向前上半步，腳全掌着地，腳尖朝前方，兩腳之間距離約與肩同寬，兩腿屈膝略下蹲，重心前三後七；同時兩掌中

*係腰帶者爲甲，未係腰帶者爲乙。插圖中，甲乙右手左腳的動作路綫爲實綫，左手右腳的動作路綫爲虛綫。

指、無名指、小指關節微屈，兩臂屈肘，兩掌心向上，從腰兩側一齊向前伸出，右掌在前，左掌停放在右小臂三關之上，兩眼平視前方（圖A-6）。

實用技法

1.乙右腳彈擊甲襠，左拳衝打甲面；甲臀部後縮，下肢略下蹲，上避乙拳、下避乙彈襠腿，同時兩掌變拳兩肘同時下砸乙右腳腕（圖A-7）。

2.上動不停，甲右腳向前上步成右弓步，兩拳變掌同時向乙胸直臂推擊（圖A-8）。

（三） 獅子張口

（1）甲立正姿勢站立（圖A-9）。

（2）甲上體左轉45°，右腳向右後側橫移半步，足尖斜向右前方，大腿屈膝下蹲，身體重心移向右腿；同時右臂屈肘，右掌從右經襠前（此時掌心向內），向左上經面前（此時掌外旋，掌心向外）向右摟手，手掌停於頭部右側，掌心向下；左臂屈肘，左掌從左下側經襠前（此時掌心向上）向右上托，停於身體右側，掌心向上，與腰同高（此時左右兩掌手心相對，成抱球狀）（圖A-10）。

實用技法：

1.乙向甲彈腿衝拳，甲左膝微內擺在護襠的同時向右格撥乙右腳腕及小腿；同時左手握拳，左臂屈肘上架乙左小臂（圖A-11）。

2.上動不停，甲左腳向乙左腿後上半步，并用左腳尖內側扣住乙左腳跟；同時左拳變掌經乙胸前直臂向乙左腋穿插，并用力橫撥，左肩隨之向前靠擊乙胸（圖A-12）。

要領：

甲主動擊乙的各個動作：上左腳內扣乙左腳跟、左拳變掌穿插乙左腋橫撥、左肩靠擊乙胸，應一次快速完成。

（四） 白蛇吐信

（1）甲兩腳與肩同寬，雙掌抱腰側站立（圖A-13）。

（2）甲上體左轉45°，右腳向右後側退半步，足尖斜向右前方，大腿屈膝下蹲，身體重心移向右腿；同時右臂屈肘，右掌從右經面前（此時掌外旋，掌心向外）向右下至腹高後（此時掌心朝上），向左上托掌前伸（中、食兩指前伸，掌心向上，右肘微屈）；左臂屈肘，左掌從左下側，經襠前（此時掌心向上）向右上至鼻高後向前雲擺并前伸（此時掌外旋，掌心向外）；續掌心朝下，前伸中食二指，左肘微屈，左右兩掌掌心相對（圖 A-14）。

實用技法：

1. 乙右腳在前向甲胸部衝打左拳，甲左腳向後退一步，仍成柳葉步；同時雙手（掌心相對）抓握乙左小臂向左後牽帶（圖 A-15）。

2. 上動不停，甲上體左轉90°，右腿屈膝略下蹲；同時用右肘向下按擊乙左肘（圖 A-16、圖 A-17）。

圖A－1

圖A－2

圖A－3

圖A－4

圖A–5

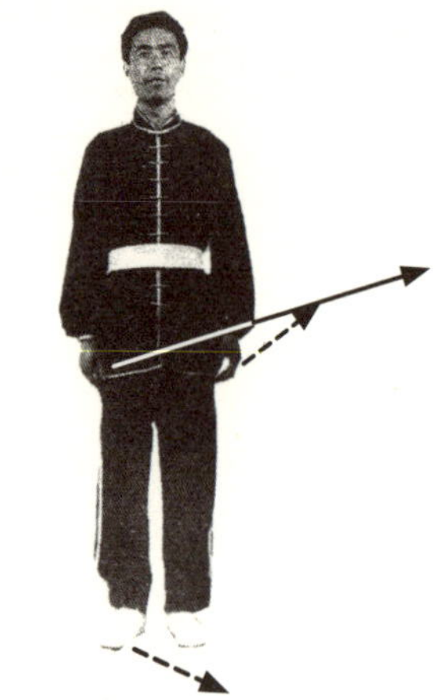

圖A–6

圖A–7

圖A–8

圖A–9

圖A–10

圖A－11

圖A－12

圖A－13

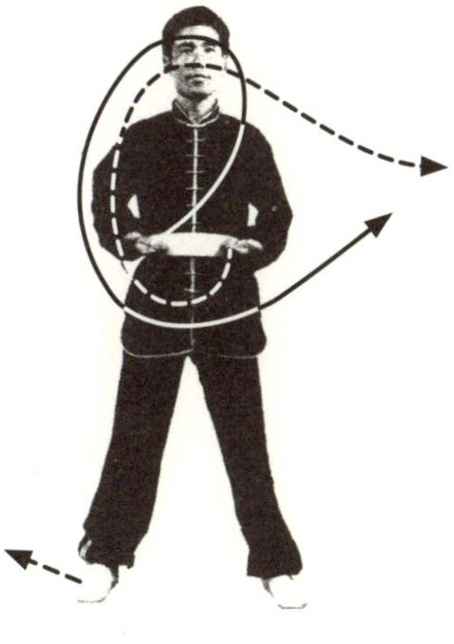

圖A－14

圖A－15

圖A－16

圖A-17

二　抱腿五絕招

什麼是絕招？岳家拳譜中的注解是：所謂絕招都是相對的，在人與人交手時，熟手（指内行會武之人）打生手（指未學武術之人），打巧是絕，熟手打熟手，打快也是絕。

絕招來自功夫純深，技術熟練和快速多變的靈活運用。

（一）　霸王脫靴

（1）乙面向甲，左脚在前成左柳葉步，兩臂屈於胸前，左手前伸中食二指（其他三指屈）掌心向下，放在右手前上方；右手前伸中食二指（其他三指屈）掌心向上，放在左手後下方，兩掌之間約距5厘米，成白蛇吐信預備勢站立。

甲與乙相距兩步，右脚在前成右柳葉步，兩臂屈於上體左側，左掌在上，掌心向下，與鼻同高，右掌在下，掌心向上，與腰同高，兩掌如抱球狀，成獅子張口預備勢站立（圖 B-1）。

（2）乙左脚向前上半步，重心前移成左弓步；上動同時，左掌變拳向甲面部衝打，右拳抱於腰間；甲重心前移，右脚向前上半步，左脚向前跟上半步仍成柳葉步，右臂屈肘，右手握拳上抬乙左小臂，左手變拳回抱腰間（圖 B-2）。

（3）上動不停，甲右小臂從上向右下繞弧，右拳變掌向乙的左側摟提乙左脚後跟；同時左掌向乙胸部推擊（圖 B-3）。

要領：

甲右小臂上抬乙左小臂與下摟提乙脚後跟兩動應一次快速完成，右手左提乙後脚跟應與左掌推胸一致。

乙防守反擊法：

1. 提腿踢腭

乙在甲左掌未到之際，重心後移至右腿，上體後仰；同時提左腿，用脚尖向甲下腭彈踢（圖 B-4）。

2. 擋臂蹬胸

乙握拳屈肘的右小臂上抬架甲推來的左小臂；同時提左腿，用脚跟蹬擊甲胸（圖 B-5）。

3. 轉身後撩

乙向右後轉體180°，重心移至右腿；同時提左腿，用後跟倒踢甲腭（圖 B-6）。

（二） 黑狗竄襠

（1）乙面向甲，右脚在前成右柳葉步，兩臂屈於胸前，右手前伸食指（其他四指屈）掌心向上，左手前伸食指（其他四指屈）掌心向上，手背貼放在右手腕上，成三門樁預備勢站立；甲與乙相距兩步，成白蛇吐信預備勢站立（圖 B-7）。

（2）乙右脚向前上半步成弓步。上動同時，兩手握拳向甲胸部擊打；甲重心前移，右脚向乙襠中上步；上動同時，兩掌從胸前下分，從兩側繞弧而上至胸前下分乙雙拳（圖 B-8）。

（3）上動不停，甲兩掌繼續向下移，從下向兩側繼續繞弧向前環抱乙雙腿并向回拉；同時頭前低伸向乙襠裏鑽，用兩肩頂撞乙兩胯，將乙撞倒（圖 B-9）。

要領：

甲雙手環抱乙雙腿回拉應與雙肩前頂乙胯動作協調一致。

乙防守反擊法：

1. 提膝砍頸

當甲雙手未抱住乙雙腿回拉之際，乙右膝頂撞甲鼻面；同時雙拳變掌從兩側繞弧向上、向下砍擊乙頸（圖 B-10）。

2. 撤步左推

當甲雙手未抱住乙雙腿回拉之際，左拳變掌從左向上用掌心上托甲腭，右拳變掌從右向左推擊甲左面部（圖 B-11）。

3. 後倒蹬胸

當甲雙手未抱住乙雙腿回拉之際，乙借勢主動向後倒，右腿由屈到伸，向前蹬擊甲胸部（圖 B-12）。

（三） 張飛倒騎驢

（1）乙從甲後面，右脚前插入甲兩腿襠部之間成右弓步，兩臂從兩側前伸在甲腹前交叉將甲腰和雙臂環抱住（圖 B-13）。

（2）甲雙腿屈膝下蹲，身體重心下移，臀部向後拱撞乙腹（圖 B-14）。

（3）上動同時，甲雙手由下向上搬提甲右小腿，臀部向下坐擊乙右膝（圖 B-15）。

要領：

甲雙手上搬提乙右小腿要迅速，臀部下坐要與搬腿動作一致。

乙解脫反擊法：

當乙右小腿被甲雙手前搬上提時應主動屈左膝，臀部向後倒坐，以解脫被甲緊握的右小腿；同時左脚屈膝向前蹬擊乙臀部（圖 B-16）。

（四） 狂風倒樹

（1）甲左脚在前成左柳葉步站立，乙右脚在前，右拳直臂向甲胸部擊打（圖 B-17）。

（2）甲左掌從右向上向左雲撥乙右拳腕（圖 B-18）。

（3）上動不停，甲右脚向乙襠中上步，上體前俯，右手從乙襠中向左上摟抱乙右腿，左手向下從乙右腿外側向上摟抱；同時右肩向乙右胸靠擊（圖 B-19）。

要領：

甲上體前俯要迅速，右肩靠擊乙右胸要與雙手摟抱乙右腿同時進行。

（五）張飛揀柴

（1）甲左脚在前成左柳葉步，乙右脚在前右拳直臂向甲胸部擊打（圖 B-20）。

（2）甲左脚向乙右腿外側上步；同時右手從右向上向左經乙右小臂上向右下斷撥乙右拳腕（圖 B-21）。

（3）上動不停，甲左手下伸，從乙右腿外側向上摟抱，右手則向下行從乙右腿內側向上摟抱；同時甲上體前俯，左肩向乙右胸靠擊（圖 B-22）。

要領：

甲上體前俯要迅速，左肩向前靠擊乙右胸應與雙手上抱乙右腿同時進行。

圖B-1

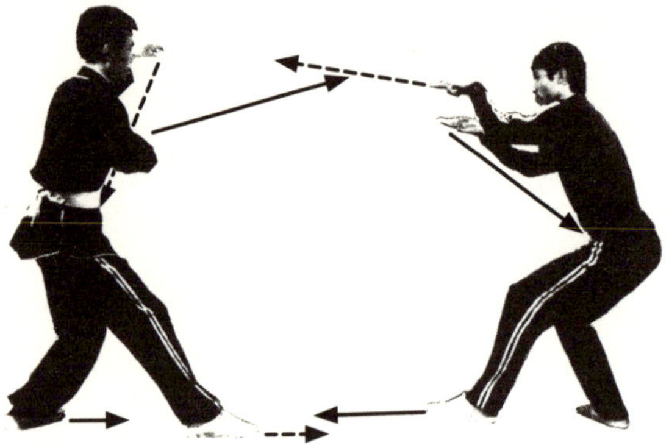

圖B-2

圖B-3

圖B-4

圖B-5

圖B-6

圖B-7

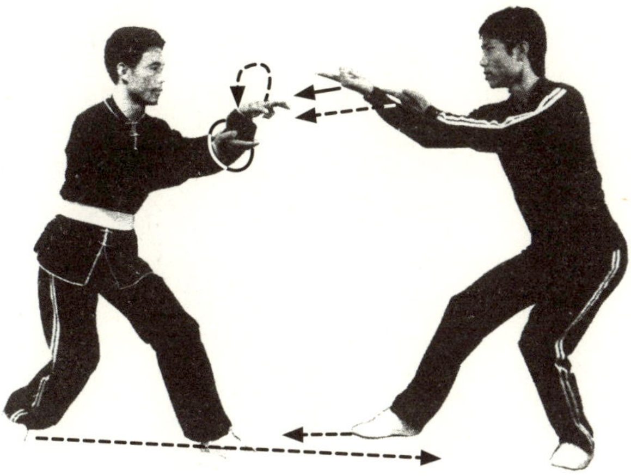

圖B-8

圖B-9

圖B-10

圖B-11

圖B-12

圖B－13

圖B－14

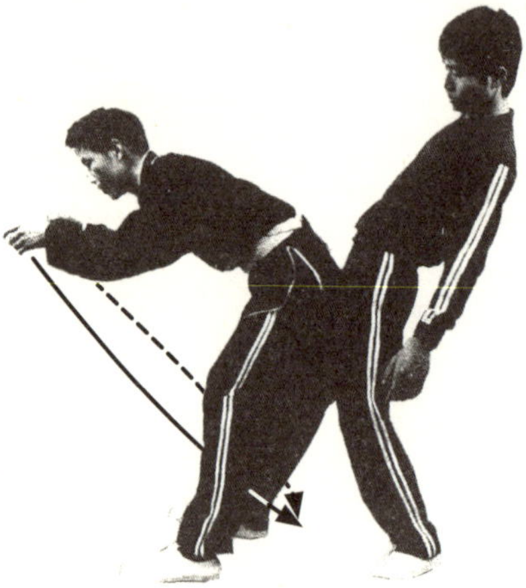

圖B－15

圖B－16

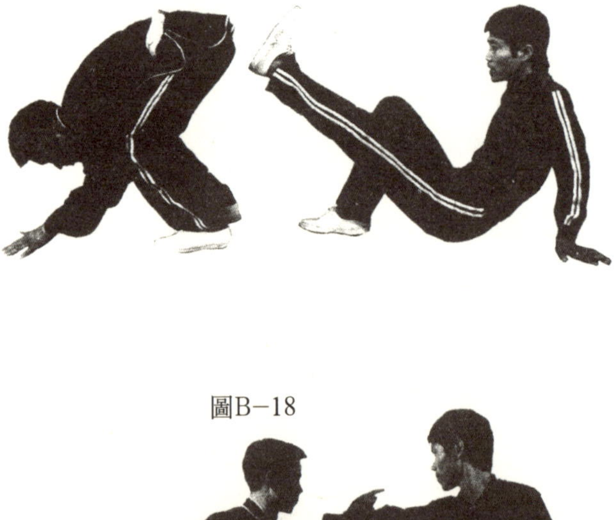

圖B－17

圖B－18

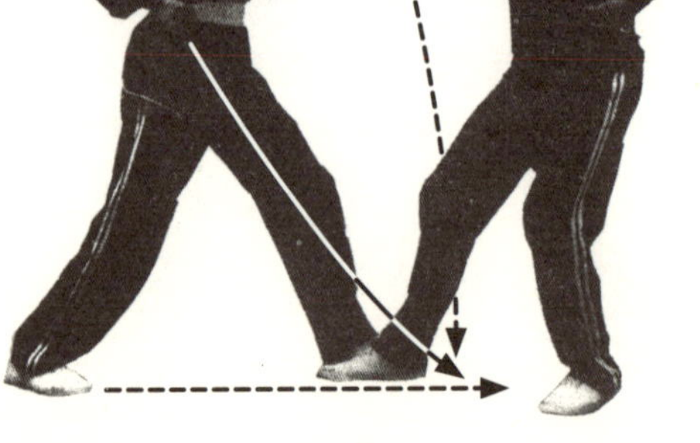

圖B-19

圖B-20

圖B-21

圖B-22

三　防腿七法

岳家拳在實戰應用中，攻防進取多手法而少腿法，故有“肘不露，腿不起，肘露被人擒，腿起被人跌”之說。但在對付攻勢淩厲的腿法時，它的防守又有它獨特的技藝。防上三路攻擊之腿以肘、肩和身體的閃、吞爲主，防下三路攻擊之腿則以小腿的截、堵、封、踹（踹，踐踏。屬伸屈性腿法之一。）而見長。

（一）　防彈腿

（1）乙彈腿衝拳，甲截腿蹬膝

1. 甲、乙各左脚在前成三門樁勢相對站立（圖 C-1）。

2. 乙左脚向前上半步，右膝提起彈擊甲襠，左拳向甲面部衝打；甲右臂屈肘上架乙左拳腕，左腿上提略向前用脚外側截堵乙右脚腕（圖 C-2）。

3. 甲上體略向後仰，左脚略回收後快速上提蹬擊乙膝（圖 C-3）。

4. 乙彈腿被截向後退落時，甲右脚向前墊步，左脚側踹乙左膝（圖 C-4）。

要領：

甲左腿提膝前截後，要有連續出擊的意思。

（2）乙彈腿衝拳，甲勾掛側踹

1. 甲右脚在前，乙左脚在前各成三門樁相對站立（圖 C-5）。

2. 乙提右腿向甲襠部彈擊，左拳同時前伸衝打甲面部；甲上體略後仰，同時提左腿從左向右用脚腕勾掛乙右脚腕（圖 C-6）。

3. 緊接上動，甲左腿前伸，用左脚外側踹擊乙左膝（圖 C-7）。

（3）乙彈腿衝拳，甲膝擺肘擊

1. 甲、乙各左脚在前成三門樁相對站立（圖 C-8）。

2. 乙提右腿彈擊甲襠，左拳擊打甲頭；甲上體略右轉，同時左膝略右擺，將乙右小腿格向右邊，左臂屈肘上架乙左衝拳（圖 C-9）。

3. 緊接上動，甲左脚向前上半步，右脚隨向前跟上半步；同時左臂屈肘向乙胸部拐擊（圖 C-10）。

（4）乙彈腿衝拳，甲掌斬掌挑

1. 甲、乙各右脚在前成三門樁勢站立（圖 C-11）。

2. 乙左腿彈擊甲襠，右拳衝打甲鼻；甲右脚向前上半步，左脚向前跟上半步仍成柳葉步，同時右掌向下向左斬擊乙左小腿，左掌上抬，從左向右格撥乙右拳腕（圖 C-12）。

3. 緊接上動，甲右脚向前上半步成弓步，右掌從下向上挑擊乙右肋（圖 C-13）。

（5）乙彈腿衝拳，甲右撥掌推

1. 甲左脚在前成柳葉樁站立；乙右脚提膝彈擊甲襠，左拳同時衝打甲胸（圖 C-14）。

2. 甲右腿後退半步屈膝下蹲，上避乙左衝拳，下避乙右彈腿，乙右脚落地，左脚跳起彈甲襠，右拳衝打甲面，甲左臂前下伸，從左向右格撥乙左小腿（圖 C-15）。

3. 緊接上動，甲上體上起，雙掌同時推擊乙胸（圖 C-16）。

（6）乙彈腿衝拳，甲拳截拳擊

1. 甲左脚在前成柳葉樁站立，乙向甲彈右腿衝左拳（圖 C-17）。

2. 甲左臂上抬，左掌從左向右格撥乙左小臂，右手握拳略上提後速向下截打乙右脚腕（圖 C-18）。

3. 上動不停，甲左脚向前上半步，右脚隨向前跟上半步成弓步，左掌變拳，以肘爲軸用拳背向乙鼻面反砸（圖 C-19）。

（7）乙彈腿衝拳，甲手摟肩靠

1. 甲左脚在前成白蛇吐信勢站立，乙向甲彈腿衝拳（圖 C-20）。

2. 甲上體略向左閃，避開乙上衝拳，同時右手握拳回抱腰間，左手從中向下從左向右摟抱乙右脚後跟（圖 C-21）。

3. 上動不停，甲左脚向前上半步，右脚同時向前跟上半步，同時鬆左手屈肘上提，用左肩肘靠擊乙胸（圖 C-22）。

（二） 防踹腿

（1）乙墊步側踹，甲截堵側踹

1. 甲左脚在前成左柳葉樁勢站立，乙右脚向甲左膝側踹（圖 C-23）。

2. 甲左腿屈膝上提用左脚截堵乙右脚腕（圖 C-24）。

3. 緊接上動，甲左脚前伸，踹擊乙右膝（圖 C-25）。

（2）乙墊步側踹，甲繞防側蹬。

1. 甲左脚在前成左柳葉樁勢站立，乙右脚向甲左膝側踹（圖 C-26）。

2. 甲上體略向後仰，同時提左腿從左向右上繞避乙側踹腿（圖 C-27）。

3. 上動不停，甲左腿迅速前伸，蹬擊乙右小腹（圖 C-28）。

（三） 防內合腿

（1）乙內合擊腰，甲掌劈拳砸

1. 甲左脚在前成柳葉樁站立，乙右腿向甲腰橫擊（圖 C-29）。

2. 甲右臂屈肘上提，上體左轉90°，右脚向前上步，兩掌從上向下斬擊乙右腿膝蓋（圖 C-30）。

3. 緊接上動，甲右手以肘爲軸，右掌變拳向乙鼻面反砸（圖 C-31）。

（2）乙內合擊頭，甲上格下推

1. 甲左脚在前成柳葉樁站立，乙起右腿右脚由外向內合擊甲頭（圖 C-32）。

2. 甲右脚向前上步，上體左轉90°；同時雙手握拳，兩小臂上抬竪立，横擋乙右小腿（圖 C-33）。

3. 上動不停，甲兩拳變掌，左掌從上向下至乙右膝內側向前抛推，右臂前伸，右掌推擊乙胸（圖 C-34）。

（四） 防外擺腿

（1）乙外擺踢腰，甲勾手反撩

1. 乙左脚在前成柳葉樁站立，甲右脚在前，右拳衝打乙胸（圖 C-35）。

2. 乙上體左轉90°，左脚向左横挪半步；同時右掌上架甲右直衝拳，右腿從右向左再向右橫擊甲腰（圖 C-36）。

3. 甲拳變勾手迅速向下，向後勾撩乙右小腿（圖 C-37）。

（2）乙外擺踢腰，甲閃身下抱

1. 乙右脚在前成柳葉樁站立，甲右脚在前，右拳衝打乙胸（圖 C-38）。

2. 乙上體左轉90°，左脚向左橫挪半步；同時右掌上架甲右直衝拳，右腿從右下向左上再向右劃一圓弧，橫擊甲腰（圖 C-39）。

3. 甲上體迅即下蹲并向前摟抱乙左小腿，右肩同時向前頂撞乙左大腿（圖 C-40）。

（五） 防蹬腿

乙提膝蹬胸，甲左摟右劈。

1. 甲左脚在前成左柳葉樁站立，乙提左腿用左脚跟蹬擊甲胸，雙拳同時衝打甲面部（圖 C-41）。

2. 甲上體略向後仰避乙雙衝拳；同時左掌迅即從下向左上摟撥乙左小腿，同時右掌迅速上舉（圖 C-42）。

3. 上動不停，甲右脚向前上步，上體左轉90°；在左掌外翻摟抱乙左小腿的同時，上舉的右掌從上向下劈擊乙左膝（圖 C-43、圖 C-44）。

（六） 防頂膝

乙抓肩頂膝，甲橫擺推胸。

1. 甲左脚在前成左柳葉樁站立，乙雙手抓拉甲雙肩，同時右膝向甲胸頂擊（圖 C-45）。

2. 甲右手握拳，屈肘橫小臂上抬架乙雙小臂；同時左臂屈肘，左拳從左向右橫擊乙右膝外側（圖 C-46）。

3. 上動不停，甲雙拳變掌同時向乙前胸推擊（圖 C-47）。

（七） 防撩腿

乙轉體撩襠，甲右撥推掌。

1. 乙左脚在前成柳葉步，右拳向甲胸部衝打，甲左脚在前成柳葉步，左手從上向左下按格乙右衝拳（圖 C-48）。

2. 乙上體右轉180°，同時後撩左小腿，用後脚跟側踢甲襠；甲右手從上向右下格撥乙左小腿（圖C-49）。

（3）上動不停，甲左掌向乙背推擊（圖C-50）

圖C-1

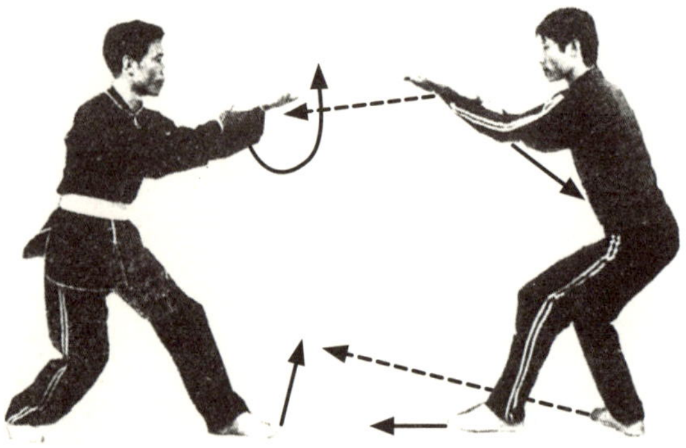

圖C-2

圖C-3

圖C-4

圖C—5

圖C—6

圖C—7

圖C—8

圖C—9

圖C—10

圖C－11

圖C－12

圖C－13

圖C－14

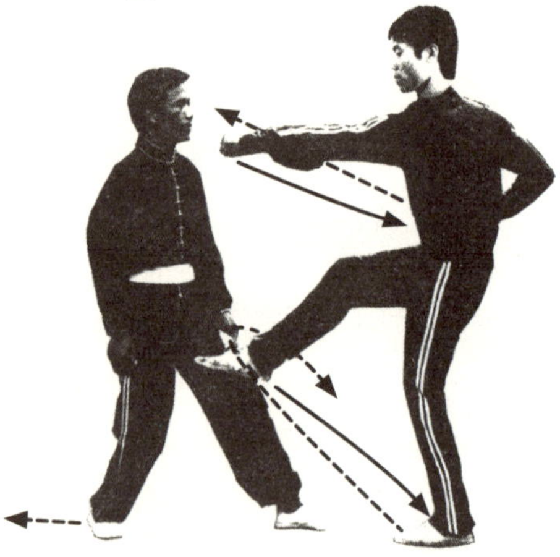

圖C－15

圖C－16

圖C—17

圖C—18

圖C—19

圖C—20

圖C—21

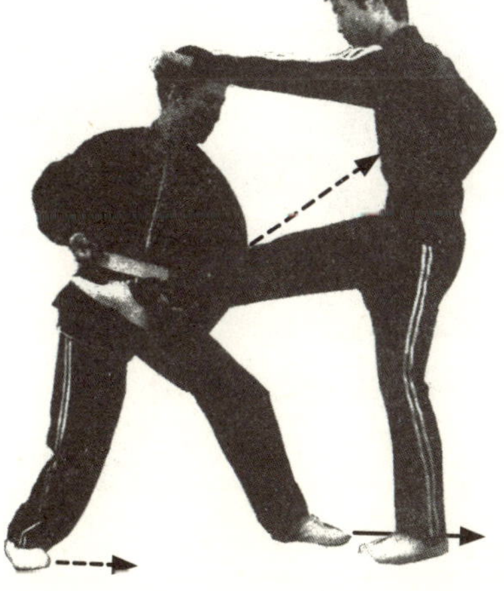

圖C—22

圖C-23

圖C-24

圖C-25

圖C-26

圖C-27

圖C-28

圖C—29

圖C—30

圖C—31

圖C—32

圖C—33

圖C—34

圖C—35

圖C—36

圖C—37

圖C—38

圖C—39

圖C—40

圖C—41

圖C—42

圖C—43

圖C—44

圖C—45

圖C—46

圖C—47

圖C—48

圖C—49

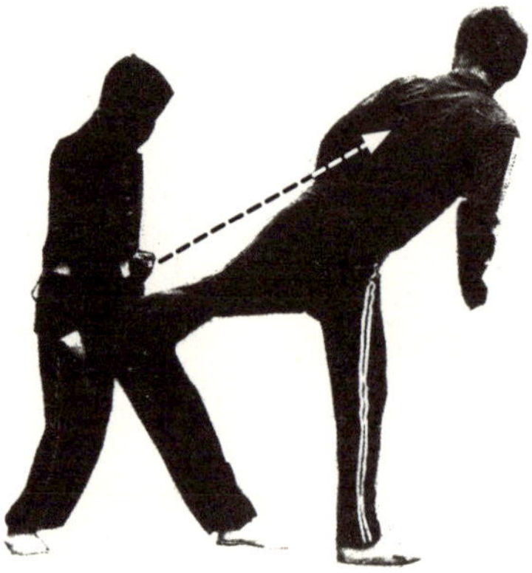

圖C—50

四　技擊二十招

（一）　岳震絕招（岳氏三絕之一）

（1）甲左柳葉樁站立，乙右脚在前用右拳直臂向前擊打甲胸部（圖D-1)。

（2）甲左掌依貼在右胸旁，隨右臂一起屈肘上抬乙右拳腕；同時起右腿向乙襠部彈擊（圖 D-2）。

（3）緊接上動，甲右脚向乙中門踏進，右肘内旋下砸乙胸（圖 D-3)。

（4）緊接上動，甲右拳向乙面部反砸（圖 D-4）。

要領：

1. 甲右腿彈乙襠應與右臂抬架乙右拳腕同時進行。

2. 甲右肘下砸乙胸應與右拳反砸乙面連續快速進行。

（二）　岳霆絕招（岳氏三絕之二）

（1）甲左柳葉樁站立，乙右脚在前用左拳直臂向前擊打甲方胸部（圖 D-5）。

（2）甲上體左轉90°，右脚向乙左側後上步，右臂屈肘，右小臂從右向左格撥乙左衝拳（圖 D-6）。

（3）緊接上動，甲右肘橫平從左向右擊打乙胸（圖 D-7）。

（4）上動不停，甲以右肘爲軸，右拳背向上反砸乙鼻面（圖 D-8）。

（5）上動不停，甲以右肘爲軸，右拳變掌下抓乙襠（圖 D-9）。

要領：

1. 甲上體左轉90°，右脚向前上步和右臂左格、右肘橫擊、右拳反砸三動，應同時進行。

2. 甲右脚向前上步時應用右膝鎖閉住乙左腿，這樣才能爲右擊肘創造條件。

3. 甲右擊肘，上砸鼻，下抓襠三動應連貫快速。

（三） 岳霖絕招（岳氏三絕之三）

（1）甲方左柳葉樁站立，乙方右脚在前，左拳屈臂橫勾擊甲方頭部（圖D-10）。

（2）甲原地左、右換跳脚，右脚向乙襠中插入，右臂略屈，右掌上抬前擋乙左拳腕（圖D-11）。

（3）緊接上動，甲右掌（掌心向上）直臂從右向左砍擊乙頸（圖D-12）。

（4）緊接上動，甲右臂屈肘略回收，右掌即内旋前伸用八字掌卡扼乙喉，此時掌心向外，大拇指的一側向下（圖D-13）。

（5）緊接上動，甲右小臂外旋，以腕爲軸，右掌變拳向上用拳背反砸乙鼻面（圖D-14）。

要領：

1.甲右脚向乙襠中上步時，應用脚尖勾封住乙右脚跟，使乙不利於後退。

2.甲右掌砍乙頸，扼喉和用拳背反砸乙鼻面三動應快速連貫。

（四） 單刀赴宴

（1）甲右柳葉樁站立，乙右脚在前，左拳屈臂向上勾打甲腹部（圖D-15）。

（2）甲右脚略回收，右臂略屈，右掌從右下向上向腹前勾挑乙左拳腕，并略向右格撥（圖D-16）。

（3）緊接上動，甲右脚向乙中門插進，右掌（掌心向前）直臂向前按推擊乙胸（圖D-17）。

要領：

甲右掌挑抬乙拳腕後應隨乙左拳回收時快速直臂前推乙胸。

（五） 二龍搶珠

（1）甲左柳葉樁站立，乙左脚在前，用左二指標直臂向前點擊甲雙目（圖D-18）。

（2）甲上體左轉90°，右脚向乙左側後上步，右臂略屈肘，右標手（前伸中食二指，其他三指屈）從右向左格壓乙左小臂（圖D-19）。

（3）甲上動不停，右臂前伸，右標手直臂前擊乙雙目（圖D-20）。

要領：

1. 甲上體左轉90°、右脚上步應與右掌左格壓乙左拳臂同時進行。

2. 甲右掌格壓乙左拳臂後應隨乙左拳回收時快速直臂進擊。

（六） 拂擊牽帶

（1）甲左柳葉樁站立，乙左脚在前，右拳向前直臂擊打甲胸（圖D-21）。

（2）甲右手從右向左經胸前再向右刁抓乙右拳腕（掌心向下），左手從左向右上（掌心向上），托抓乙右拳腕（圖D-22）。

（3）上動不停，甲雙手將乙右臂向右側牽帶；上動同時，提右脚向乙左小腿側踹（圖D-23）。

要領：

甲雙手拂擊時抓到乙右拳腕後，向後牽帶應與向前起右脚側踹乙左腿同時進行，這樣才能產生一種相反的力將乙牽帶倒地。

（七） 張飛挎籃

（1）甲左柳葉樁站立，乙右脚向前用右拳直臂向前擊打甲胸（圖D-24）。

（2）甲左手從乙右拳臂的下面屈肘向右，向上經胸前向左弧形繞環，手腕外旋將乙右拳腕摟刁住（圖D-25）。

（3）緊接上動，甲右脚向乙襠中插步；上動同時，右臂屈肘，右小臂從右向上、向左挑挎乙肘（圖D-26）。

要領：

1. 甲左手摟刁住乙右拳腕後應向下向後回帶乙右臂，這樣便於將乙右臂拉直，有利於右肘的挑挎。

2. 甲右脚向乙襠中插步，右小臂上挑挎之時應於左手摟刁乙右拳腕同時進行。

（八） 屠夫卸骨

（1）甲左柳葉樁站立，乙右脚在前，右拳直臂向甲胸部擊打（圖D-27）。

（2）甲上體左轉45°，左脚向後退一步；上動同時，右手從右向左從乙右臂下向右雲摟乙右拳腕，乙左脚向前上步（圖D-28）。

（3）緊接上動，甲上體右轉90°，左脚向前上步左臂略屈肘，左掌從左向右橫推向下按壓乙右肘，乙右脚向前上步（圖 D-29）。

要領：

1. 甲右手摟抓乙右拳腕後應向後牽帶乙右臂，只有將乙右臂牽直了，才有利於左手推擊乙右肘。

2. 甲上身左閃，右手摟抓乙右拳腕，左掌向右橫推下按乙肘三動應同時進行。

（九） 青龍腰斬

（1）甲左柳葉樁站立，乙右脚在前，右掌直臂向甲頭部拍打（圖 D-30）。

（2）甲左掌依貼在右腕旁，隨右臂一起屈肘上抬乙右腕；上動同時，原地左、右換跳脚，右脚向乙襠中插入（圖 D-31）。

（3）緊接上動，甲右掌（掌心朝內、五指朝左）從上向斜下斬擊乙腰腹。左掌上架乙右腕不動（圖 D-32）。

要領：

甲右掌上抬乙右小臂後應快速下落斬擊乙腰腹。

（十） 狸猫上樹

（1）甲左柳葉樁站立，乙右脚在前，雙掌直臂前伸卡扼甲喉（圖 D-33）。

（2）甲雙手從乙兩小臂下沿中綫向上穿於乙兩掌腕之間（圖 D-34）。

（3）緊接上動，甲兩手向兩邊分撥乙兩掌腕；上動同時，甲起右脚，用脚跟蹬擊乙胸（圖 D-35）。

要領：

1. 甲雙手於乙雙小臂內向兩邊分撥後應略向後拉，這樣逼使乙形成一種向後回縮的力，甲右脚蹬乙胸之時再鬆手，這樣就可借力打人。

2. 甲右脚蹬擊乙胸應與兩掌外分乙雙小臂同時進行。

（十一） 五虎上山

（1）甲左柳葉樁站立，乙左脚在前，右掌直臂向甲面部抓擊（圖 D-36）。

（2）甲左脚向前上半步，右脚隨向前跟上半步仍成柳葉步；上動同時，左臂屈肘，左掌從左向右下格壓乙右小臂（圖 D-37）。

（3）緊接上動，甲右掌從左小臂上向乙面部撲抓（五指朝上，掌心向前）（圖 D-38）。

（4）甲左柳葉樁站立，乙左脚在前，左拳直臂向甲胸擊打（圖 D-39）。

（5）甲左臂屈肘，左掌從左上向左下撥壓乙左拳腕（圖 D-40）。

（6）甲左脚向前上半步，右脚隨向前跟上半步；上動同時，甲右掌直臂向乙面部抓擊（圖 D-41）。

要領：

甲右掌撲抓乙面應與左掌右格壓乙右小臂同時進行。

（十二） 浪子蹴球

（1）甲左柳葉樁站立，乙左脚在前，右拳直臂向甲頭部擊打（圖 D-42）。

（2）甲左掌屈肘上抬，提右脚（右膝外旋）向乙左小腿側踹（圖 D-43）。

（3）緊接上動，甲右脚後落，右拳直臂向乙胸擊打（圖 D-44）。

要領：

甲提右脚向乙左小腿側踹應與左掌屈肘上抬乙右拳腕同時進行。接着甲右脚後落應和右拳直臂擊打乙胸同時進行。

（十三） 降龍伏虎

（1）甲左柳葉樁站立，乙右脚在前，右拳直臂向甲胸部擊打（圖 D-45）。

（2）甲左脚向左側横挪半步，左手屈肘從左向右於乙右小臂下向左摟刁乙右拳腕（圖 D-46）。

（3）甲右脚從右經左脚內側向左前繞弧於乙右腿後再向右後回絆乙右小腿；上動同時，右掌（八字掌）直臂前扼擊乙喉（圖 D-47）。

要領：

1. 甲左脚向左側横挪和左手摟刁乙右拳腕要同時進行。

2. 甲右脚向左側上步要快，以便於右脚向左前繞弧後絆。

3. 甲右脚反絆乙應與右手扼乙喉同時進行。

（十四） 玉帶纏腰

（1）甲方左柳葉樁站立，乙右脚在前，右拳直臂向甲胸擊打（圖 D-48）。

（2）甲方左脚向左側橫挪半步，右臂屈肘，從右向左經乙右小臂下，向右側勾格乙右小臂；上動同時，甲右脚從右向左經左脚内側繞弧於乙身後（圖 D-49）

（3）緊接上動，甲用右脚後跟向右後反磕擊乙後腰（圖 D-50、圖 D-51）。

要領：

甲左脚向左側上步、右小臂屈肘勾格乙右小臂、右脚繞弧向右後反磕乙後腰三動應同時進行。

（十五） 驚驢彈蹄

（1）甲右柳葉樁站立，乙左脚在前，右拳直臂前衝擊甲胸部（圖 D-52）。

（2）甲右臂屈肘，小臂向上橫抬架乙右衝拳（圖 D-53）。

（3）上動不停，甲上體左轉180°，同時起右脚用後跟反撩踢乙襠（圖 D-54）。

要領：

甲上體左轉應與右腿後撩踢乙襠同時進行；上體左轉以腰爲軸，要求迅速。

（十六） 鯉魚擺尾

（1）甲左柳葉樁站立，乙右脚在前，右拳從右向左橫勾甲太陽穴（圖 D-55）。

（2）甲上體左轉90°，原地左、右換跳脚，右脚向乙襠中插入，右掌屈肘從右向左直臂橫格擋乙右小臂（圖 D-56）。

（3）緊接上動，甲右掌（掌指向前）向右反擊乙鼻面（圖 D-57）。

要領：

甲右小臂直臂左行擋格乙右勾拳後應借被乙右小臂擋回的反力，快速向右反擊乙鼻面。

（十七） 張飛推磨

（1）甲左柳葉樁站立，乙左脚在前，左拳直臂向甲胸部擊打（圖 D-58）。

（2）甲左手從左向右於乙左小臂下向左刁摟乙左拳腕（圖 D-59）。

（3）緊接上動，甲右脚向乙襠中插落，右肘同時從右向左向乙左肩拐壓（圖 D-60）。

要領：

甲右脚向乙襠中插落後應緊靠乙左大腿，這樣就能爲右肘左擊乙左肩形成一種相反的力將乙擊倒。

（十八） 張飛拜年

（1）甲左柳葉樁站立，乙右脚在前，右拳直臂向甲胸擊打（圖 D-61）。

（2）甲上體左轉90°；上動同時，左掌從下向右再向左摟撥乙右拳腕，右膝上提頂擊乙腹（圖 D-62）。

要領：

甲上體左轉，左掌左摟，右膝上頂三動應同時進行。

（十九） 金剪絞龍

（1）甲白蛇吐信站立，乙右脚在前，右掌直臂向甲頭部拍擊（圖 D-63）。

（2）甲右脚向前上步，左掌上、右掌下雙掌同時交叉上架乙右腕（圖 D-64）。

（3）甲上體略右轉，左脚向乙襠中上步；上動同時，雙掌同時右旋抓握乙右腕（圖 D-65）。

（4）甲上體右轉90°，全身下蹲，將乙右臂拉至右肩上，臀部頂住乙小腹，將乙向前下扛摔（圖 D-66）。

要領：

甲上體右轉、雙手抓握乙右腕、肩扛、臀頂幾個動作要同時迅速進行。

（二十） 雲霧抛托

（1）甲左柳葉樁面向乙站立，乙左脚在前，右拳直臂向前衝打甲胸（圖 D-67）。

（2）甲兩掌胸前交叉（左掌心向下，右掌心向上，兩小臂相靠）從左向右雲撥乙右拳腕（圖 D-68）。

（3）上動不停，甲左掌上伸撲抓乙面，右掌下伸掏抓乙會陰（圖 D-69）。

要領：

甲雙掌交叉右掌撥乙右拳腕後左掌應立即同時前伸上抓右掌下掏。

圖D—1

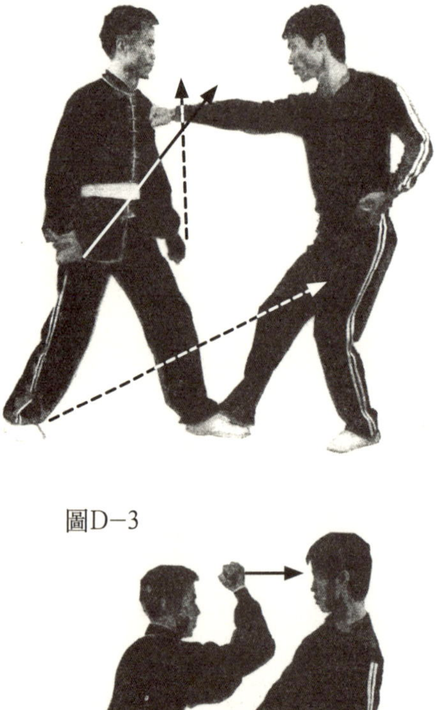

圖D—2

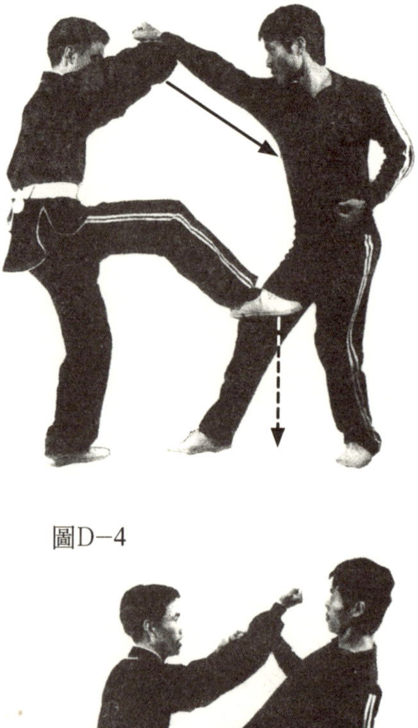

圖D—3

圖D—4

圖D－5

圖D－6

圖D－7

圖D－8

圖D－9

圖D－10

圖D-11

圖D-12

圖D-13

圖D-14

圖D-15

圖D-16

圖D－17

圖D－18

圖D－19

圖D－20

圖D－21

圖D－22

圖D−23

圖D−24

圖D−25

圖D−26

圖D−27

圖D−28

圖D-29

圖D-30

圖D-31

圖D-32

圖D-33

圖D-34

圖D-35

圖D-36

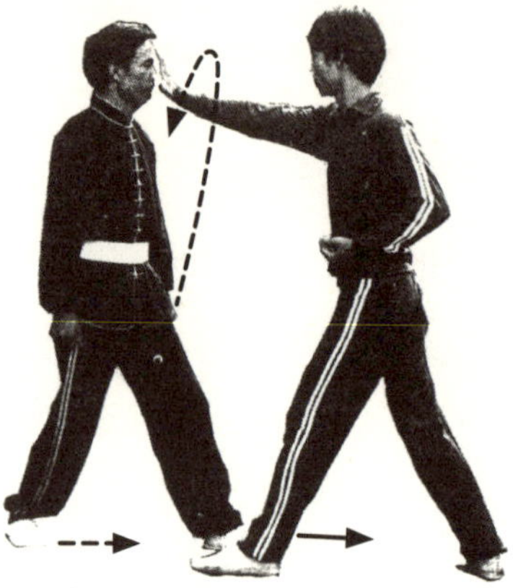

圖D-37

圖D-38

圖D-39

圖D-40

圖D－41

圖D－42

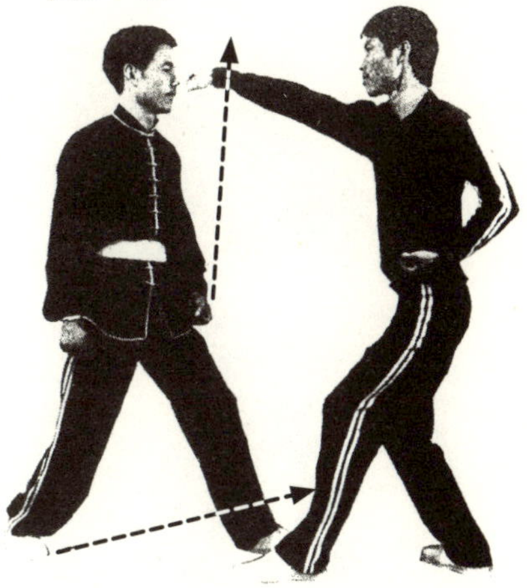

圖D－43

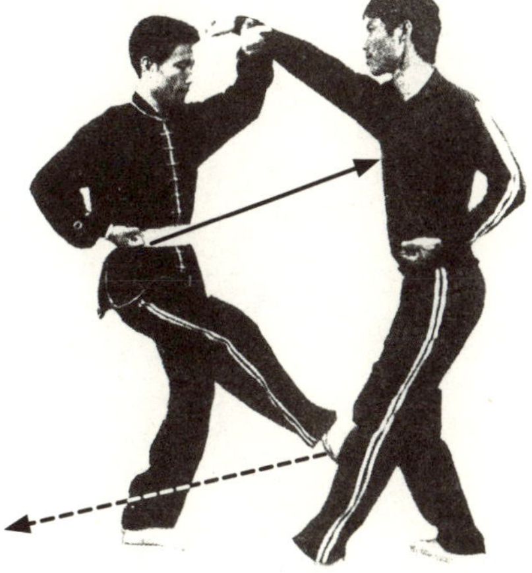

圖D－44

圖D－45

圖D－46

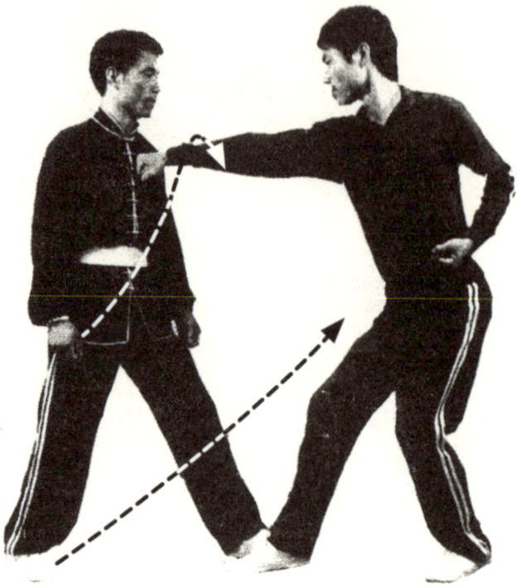

圖D－53

圖D－54

圖D－55

圖D－56

圖D－57

圖D－58

圖D-59

圖D-60

圖D-61

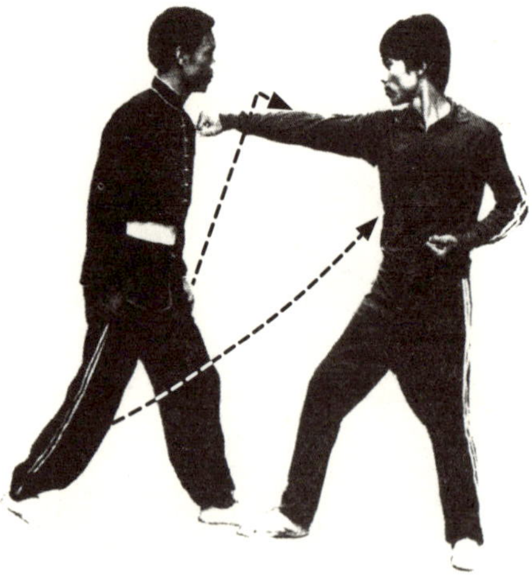

圖D-62

圖D-63

圖D-64

圖D-65

圖D-66

圖D-67

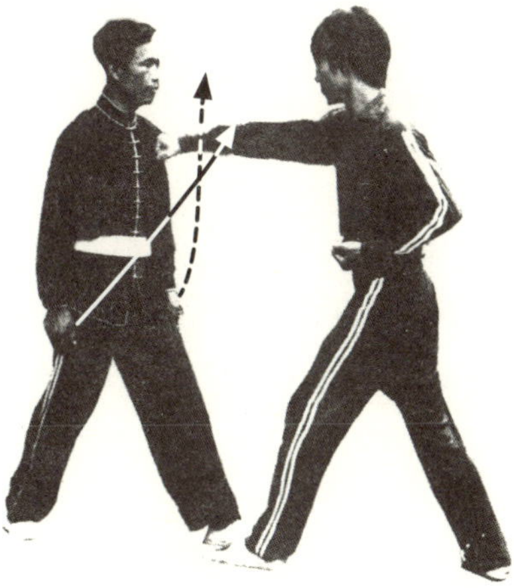

圖D-68

圖D-69

五　擒拿與解脫

（一）　抓領與解脫

1. 乙抓甲領前推

甲左脚在前成左柳葉樁站立，乙右脚在前，右手抓握甲領（五指朝下）直臂前推甲上胸（圖 E-1）。

甲解脫法：

（1）張飛牽牛。甲右手從右向上繞弧，向下抓握住乙右手腕（虎口朝內，掌心朝下），左臂屈肘繞弧從左下向右上黏乙右小臂下壓；上動同時，右腿立即仆步下蹲（圖 E-2）。

要領：

甲左上臂下壓乙右小臂時，要借助右腿下蹲的力量增加壓力。

（2）逆水推舟。甲右手從右向左上，於乙右小臂上向下抓握住乙右手腕（虎口朝內），左臂屈肘從下向外繞弧再向右上往乙右肘下壓，上體左前傾，左肩向前靠擊乙右肩；上動同時，右脚立即上半步，跟着左脚向乙左脚後上一大步（圖 E-3）。

要領：

甲左肩靠的同時，左膝封死乙右膝。

（3）屠夫卸骨。甲上體右閃，右脚向右側橫移半步，右手從右向左上，於乙右小臂上，向下抓握乙右手腕（虎口朝內）。左臂屈肘，小臂直立，從左向右橫擊乙右肘（圖 E-4）。

要領：

甲上體右閃，一定要將乙右臂拉直，這樣才能有利於左小臂橫擊乙右肘。

2. 乙抓甲領上提

甲左脚在前左成左柳葉步站立，乙右脚在前右手抓握甲前領，右臂屈肘，小臂內旋上提甲領（掌心向內）（圖 E-5）。

甲解脫法：

（1）千斤墜地。甲右脚向乙襠中插上半步；上動同時，甲右手屈肘，從右向左上於乙右手背上抓握乙右手腕（虎口朝上，掌心朝内）；左臂屈肘，左手從左向右上，於乙右手腕上抓握乙右手腕（虎口朝上，掌心朝内）；左小臂緊靠乙右小臂，雙手一齊用力向前下折擊乙右腕（圖E-6、圖E-7）。

（2）轉體折肘。甲右脚向乙襠中插上半步，同時左臂屈肘，左手從左向右上於乙右手背上抓握乙右手腕（虎口朝上，掌心向内），右臂屈肘，右手從右向左上於乙右腕上向下抓握乙右手腕，右小臂緊靠乙右小臂；上動同時，上體左轉180°（圖E-8）。

（3）漁公撒網。甲右臂屈肘，右手從右下向左上於乙右手上抓握乙右手腕；上動同時，左脚向乙右側身後上大步，左掌直臂從乙胸前穿插并向左横擺乙頸（圖E-9）。

（二） 抱腰與解脫

甲背朝乙站立，乙兩腿屈膝下蹲，雙手於乙胸腹前交叉摟抱（圖E-10）。

甲解脫法

1. 下蹲扛摔

甲兩腿屈膝下蹲，上動同時，兩臂屈肘，右小臂上抬，從上向下抓握乙右手腕；左小臂從下向上抓握乙左手腕（圖E-11）。

緊接上動，甲上體前俯，肩扛乙右肩及大臂；上動同時，臀部上頂，將乙摔倒（圖E-12）。

2. 仙人摘桃

甲雙手向後掏抓乙襠部，迫使乙鬆雙手（圖E-13）。

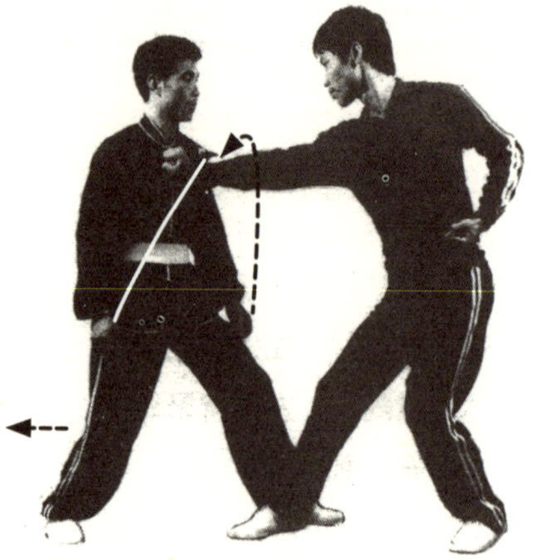
圖E-1

圖E-2

圖E-3

圖E-4

圖E-5

圖E-6

圖E−7

圖E−8

圖E−9

圖E−10

圖E−11

圖E−12

圖E-13

演　武　篇

一　雙三門

（一）　雙三門概述

雙三門拳術套路是岳家拳三門樁拳術套路姊妹篇。它除留有三門樁以練步法、樁功爲主的風格特點外，在技擊上又有了進一步的發展。其中“張飛挎籃”“天羅地網”“周倉扛糧”等擒、打、摔技法是岳家拳技擊之精華，也是習練岳家拳一至十套拳術套路之後必練的拳術套路。據歷代前輩相傳，岳飛當年在創編完一至十套拳術套路之後，在後來的實戰中又摸索出了許多技擊性強的技擊絕招。爲了進一步充實其拳術内容，但又在不便重新組加拳術套路的矛盾時，岳飛在其四子岳震的建議下，編成了這套拳術。這套拳術與岳家拳點穴與解法同屬一類，向來密不外傳。

（二）　雙三門動作名稱

準備動作

1. 預備勢
2. 立樁抱掌

第一段

1. 關公抹鬚
2. 猿猴分爪
3. 右龍頭手
4. 左攔右斬
5. 左推切掌
6. 封閉一枝槍

第二段

7. 中門穿打
8. 上分掌一枝槍
9. 右門敲鐘

10. 下分掌一枝槍
11. 左門挎籃
12. 反掌一枝槍
13. 中門抛托
14. 右斷掌追打
15. 左斷掌追打
16. 退防三舍
17. 關公抹鬚

第三段

18. 左扭龍形步
19. 斷掌追命拳
20. 吞樁取拳
21. 右攔左斬
22. 右推切掌
23. 抽掌子午手
24. 右扭龍形步
25. 斷掌追命拳
26. 天羅地網
27. 吞樁取拳
28. 左攔右斬
29. 左推切掌
30. 拂擊一枝槍

第四段

31. 順風單擺蓮
32. 吞樁陰陽掌
33. 開弓射箭
34. 雲霧兩標
35. 羅漢劈柴
36. 仆步閃跌
37. 順風雙擺蓮
38. 牽帶龍形手
39. 月下偷桃

40. 周倉扛糧
41. 白蛇吐信
42. 關公抹鬚
收式
并步站立

（三） 套路動作方向示意

準備動作：

預備勢（面南）→立樁抱掌（面南）→

第一段：

關公抹鬚（面南）→猿猴分爪（面東）→右龍頭手（面東南）→左攔右斬（面西北）→左推切掌（面西北）→封閉一枝槍（面南）→

第二段：

中門穿打（面南）→上分掌一枝槍（面南）→右門敲鐘（面西南）→下分掌一枝槍（面西南）→左門挎籃（面東南）→反掌一枝槍（面南）→中門拋托（面南）→右斷掌追打（面南）→左斷掌追打（面南）→退防三舍（面南）→關公抹鬚（面南）→

第三段：

左扭龍形步（面西）→斷掌追命拳（面東南）→吞樁取拳（面東南）→右攔左斬（面西北）→右推切掌（面西北）→抽掌子午手（面西北）→右扭龍形步（面南）→斷掌追命拳（面西南）→天羅地網（面西南）→吞樁取拳（面西南）→左攔右斬（面東北）→左推切掌（面東北）→拂擊一枝槍（面南）→

第四段：

順風單擺蓮（面南）→吞樁陰陽掌（面南）→開弓射箭（面南）→雲霧兩標（面南）→羅漢劈柴（面東）→仆步閃跌（面南）→順風雙擺蓮（面南）→牽帶龍形手（面南）→月下偷桃（面北）→周倉扛糧（面西）→白蛇吐信（面南）→關公抹鬚（面南）→

收式：

并步站立（面南）

（四） 雙三門動作圖解

準備動作：

1. 預備式

面朝南，站中間；兩腿直，脚尖外八并足跟。兩臂垂兩側，兩掌身旁貼，兩眼向前視，全身放鬆要自然（圖 M-1）。

要領：

頭須端正，頦略內收，挺胸、收臀、垂臂、沉肩。神安靜，雜念消，精神貫注準備好。

2. 立樁抱掌

左脚向左側横挪半步，兩脚之間距離與肩同寬，兩脚尖平行向前；上動同時，兩掌屈肘上抱兩腰側，掌心向上，掌外緣緊貼身體兩側，兩眼向前方（南）注視（圖 M-2）。

要領：

（1）横挪左脚與雙掌上抱要一致。

（2）身體微向前傾，兩足十趾應緊扣地面。

（3）舌尖頂上腭，兩邊嘴角先左後右張開深吸氣，氣沉丹田，隨唾液下吞注入丹田。

第一段

1. 關公抹鬚

（1）右脚向前（南）上半步屈膝下蹲，左腿原地跪膝下蹲；上動同時，兩掌於腹前交叉（右掌下，掌心向左；左掌上，掌心向右），向右膝前下按壓（圖 M-3）。

（2）上動不停，上體直立，左脚向前平行上半步（兩脚之間距離與肩同寬，兩脚尖朝前）；上動同時，兩掌膝前下分自兩側向上劃弧至頭上，經面部向下按抹至胸前（圖 M-4）。

（3）上動不停，兩掌經胸前繼續下按至襠下（圖 M-5）。

要領：

⑴ 右腿上步屈膝，左腿屈膝下蹲，雙掌膝前下按壓三動應同時進行。

⑵ 雙掌經胸前向下抹鬚時，兩掌指的第二關節屈扣并緊靠在一起。

⑶ 雙掌下按時要快速有力，力達掌心。

2. 猿猴分爪

（1）上體左轉90°（面東），右脚向南上半步（兩脚平行站立，距離略比肩寬），兩膝屈蹲成馬步；上動同時，兩掌沿腹中綫於襠下交叉上穿（右掌下，左掌上）至面前（圖 M-6）。

（2）上動不停，兩掌繼續上穿至眉高時，各變猴爪（五指并攏，指尖朝前下）分向兩邊（圖 M-7）。

要領：

（1）左轉身動作要快。

（2）兩掌上穿時兩肘要夾緊，分向兩邊後兩猴爪之間的距離與肩同寬，與眉同高，兩肘下垂。

3. 右龍頭手

（1）兩猴爪變掌向兩側下分撥（掌心向外），然後内旋（掌心向上），五指朝上於胸前交叉（左掌下，右掌上）（圖 M-8）。

（2）緊接上動，上體右轉90°（面東南），左脚略上提後再向原地落步微屈膝，重心移向左脚；上動不停，右脚向前上半步成柳葉步；右掌向右上托至眉高後（掌外旋，掌心向外，五指朝上）從左經面前向右抓擊，左掌下落至右肘下，隨右肘略右移（圖 M-9）。

要領：

（1）龍頭手又名搶擊手，右手右雲上托至面前向右搶擊應快速、圓活，一次完成。

（2）右掌向右上托搶擊時，上體應隨之向右靈活轉動。

4. 左攔右斬

（1）右脚向前上半步，右腿屈，重心移向右腿，左脚略上提回收後着地上體立即左轉180°（面西北）成左柳葉步；上動同時，左掌上托至眉高後翻掌（掌心向外，五指朝上），從右經面前向左雲撥，右掌則握拳回收右腰旁（圖 M-10）。

（2）上動不停，左掌繼續向左下雲撥，至左胯高後握拳抱於腰間；右拳變掌（五指朝上，掌心斜向左内側）上提，用掌外緣一側於面前從右向左斜斬（圖 M-11）。

要領：

左雲掌，右斬掌兩動要相繼一前一後緊跟進行。右掌左斬的同時，上體應隨向左轉。

5.左推切掌

左脚向前（西北）上半步，右脚隨向前跟上半步成柳葉步；上動同時，左小臂屈肘略前伸，左拳變掌（掌心向下，掌指朝右前），掌外側向前下推切，右掌回收胸前下落至左掌内腕側（掌心向下，掌指朝左），隨左掌一齊推向前（圖M-12）。

要領：

左掌向前下推切要與向前上步同時進行。

6.封閉一枝槍

（1）左脚上提略回收再向原地落步，左手回收，從右經襠前沿左腿内側向前穿插（掌心向右，五指朝前）；上動同時，右手屈肘（掌心向下）經面前上抬至頭上（圖M-13）。

（2）上動不停，身體重心略前移，左掌從左下向上（掌外旋，掌心向外），向右上行至額前；上動同時，右掌向右下行（掌内旋，掌心向上）至襠前（圖M-14）。

（3）上動不停，上體右轉135°（面南），左脚跟外旋的同時，右脚向前上步成柳葉步，右掌上抬至胸高後成一枝槍掌向前平伸，左掌同時再略向内旋成一枝槍掌下落右腕上，同右手一起略前伸（圖M-15）。

要領：

（1）左掌回收沿左膝下向前穿插，應先右行護襠，後護膝。

（2）下肢運動要與上肢運動同時進行，成柳葉樁的同時，雙手要成一枝槍勢。

（3）雙手成一枝槍勢後，兩肘應微屈，肘尖略下沉，右掌與胸同高，視綫、指尖、脚尖應在一條直綫上。

第二段：

7.中門穿打

（1）上體略左轉（面東南），兩臂略回收，兩掌内旋（除食指外其他四指關節都稍屈曲），左掌内，右掌外（掌心向内）於腹前交叉穿插（圖M-16）。

（2）上動不停，右掌從下向左上托臂劃弧至面部翻掌下落停放右腰側，左掌從右下經襠前向外翻掌，向左掄臂至左上（圖M-17）。

（3）上動不停，上體略右轉（面南），右脚向前上半步，左脚隨向前跟上半步仍成柳葉步；上動同時，右掌上抬至胸前，左掌下落至右腕三關旁隨右掌一同向前推出（圖M-18）。

要領：

（1）左右兩掌胸前下穿時，上體應向後稍仰。

（2）右脚向前上步與右掌前推應同時進行。

8.上分掌一枝槍

（1）左脚後退半步，右脚隨後退半步仍成柳葉步；上動同時，左右兩掌胸前交叉上抬至眉高後同時外翻分向兩邊，兩掌心向外，食指朝上，其餘四指稍屈曲（圖M-19）。

（2）上動不停，兩掌向兩側劃弧至腹高翻掌上托（掌心向上），續至胸前前伸成一枝槍（圖M-20）。

要領：

左脚後退應於上分掌同時進行。

9.右門敲鐘

上體右轉45°（面西南），右脚向右前方（西南）上半步，左脚向前緊跟上半步仍成柳葉步；上動同時，右掌變拳，以肘爲軸，小臂內旋，向右下經左向右上劃弧，至面部用拳背向前反砸，拳與鼻高（拳心向左，拳背朝右），左掌小臂內旋從右拳外下落至右肘關節下，掌心向下（圖M-21）。

要領：

右拳應先向左上勾後再向前反砸。

10.下分掌一枝槍

（1）左腿後退半步，右脚隨退半步济成柳葉步；上動同時，右拳變掌，左右兩掌同時向兩側下分至兩胯側（掌心向內，掌指朝下）（圖M-22）。

（2）上動不停，上體左轉45°（面南），兩掌從兩旁劃弧，翻掌上托於胸前交叉前伸成一枝槍（圖 M-23）。

要領：

兩掌下分要與下肢後退協調一致。

11. 左門挎籃

上體左轉90°（面東南），右脚向左前方上步，左脚隨向前跟上半步成柳葉步；上動同時左掌曲臂外翻上抬至頭高，右掌變拳曲臂從右下向左上勾打，肘尖下垂，拳與鼻高，拳心向内（圖 M-24）。

要領：

上體左轉上步，左手雲掌，右手上勾拳三動應同時進行。

12. 反掌一枝槍

（1）左脚後退半步，右脚隨退半步仍成柳葉步；上動同時，右拳變掌（一枝槍掌）向上至面部，用掌背向前甩打（掌心向内，五指朝上），左掌則内翻經面前下落至右腕旁（圖 M-25）。

（2）緊接上動，上體右轉45°（面南），右脚上提向前（南）落步成柳葉步；上動同時，兩掌向兩側下分，至腰高後再向前交叉成一枝槍勢（圖 M-26）。

要領：

兩脚後退與兩掌向前甩打應同時進行。

13. 中門抛托

（1）上體略左轉（東南），兩臂略回收，兩掌外旋（掌心向内，五指朝下）成左掌内、右掌外的姿勢，於腹前交叉向下穿插（圖 M-27）。

（2）上動不停，上體略右轉（面南），右掌以肘爲軸内旋（掌心向前上，五指略朝下），至臍前，左掌於右小臂下上提再外旋，置於右臂之上（掌心向前）（圖 M-28）。

（3）上動不停，右脚向前上半步，左脚隨向前跟上半步成柳葉步；上動同時，兩掌向前抛托（圖 M-29）。

要領：

（1）左右兩掌下穿時，上體應稍向後仰。

（2）右脚向前上步與右掌向前抛擊，左掌上托要同時進行。

14. 右斷掌追打

（1）右脚向前上半步，左脚向前跟上半步成柳葉步；上動同時，右掌上抬至面部以腕關節爲軸内旋（掌心朝内，五指朝下），左掌同時下落至右小臂内側（圖 M-30）。

(2)上動不停，右掌變拳回抱於腰間，左掌從右掌上向前推出(圖 M-31)。

要領：

右手回收，左掌前推，兩動應成拉鑽式。

15. 左斷掌追打

（1）右脚向前上半步，左脚向前跟上半步仍成柳葉步；上動同時，左掌以腕關節爲軸内旋下断（圖 M-32）。

（2）上動不停，右掌從左掌上向前推擊，左掌於右小臂下回收立於右肩前（掌心朝右，五指朝上，大拇指緊靠右肩胛處）（圖 M-33）。

要領：

左斷掌後回收，右推掌兩動應成拉鑽式。

16. 退防三舍

（1）右腿後退一步成柳葉步，上體略右轉（西南），右掌以小臂爲軸從右下經襠前向左上經面前翻掌（掌心向外），向右雲撥，左掌向左經胸前向左下劃弧再經襠前向右上托右肘（圖 M-34）。

（2）上動不停，上體略左轉（面東南），左脚後退一步成柳葉步，左掌下穿至右腋下，從右經面前翻掌（掌心向外）向左雲撥，右掌在左掌下穿時下放在左肘下隨左臂擺動（圖 M-35）。

（3）上動不停，上體略右轉（面南），右掌下穿至左腋下，從左經面前翻掌（掌心向外）向右雲撥，左掌在右掌下穿時停放在右肘下隨左臂擺動（圖 M-36）。

要領：

後退三步要快速自然，兩手的動作要與脚的動作配合協調。

17. 關公抹鬚

緊接上動，右腿後退半步，與左脚平行站立，兩脚之間的距離與肩同寬（面南）；上動同時，兩掌下落至襠前（掌心向上），續從兩側掄臂而上至眉高翻掌外旋（掌心向下），食、中、無名、小指第二關節微扣，沿身體中綫下抹至小腹（圖 M-37）。

第三段：

18. 左扭龍形步

（1）上體右轉90°（面西），兩腿交叉微屈，右脚尖外擺（脚尖朝左方）；上動同時，兩掌交叉於胸前（左掌内，右掌外，兩掌心向内，掌指朝上）（圖 M-38）。

（2）上動不停，身體重心下降，兩腿屈膝交叉；上動同時，兩掌於面前外旋（掌心向外，五指朝上）向兩邊雲撥（圖 M-39）。

（3）上動不停，右掌繼續向右下劃弧變拳收抱腰間，左掌繼續向左下劃弧至腰高後翻掌（掌心向上）上托至身體左側（與肩同高），小臂微屈，肘尖略下垂，目視左掌（圖 M-40）。

要領：

（1）兩掌外旋向兩邊雲撥時不宜過高，有“上至眉毛下齊襠”之說。

（2）右手抱拳於腰後，上體應隨左掌上托而略向左轉。

19. 斷掌追命拳

（1）上體左轉135°（面東南），左脚向左前上一大步成左弓步；上動同時，左臂微前伸，左掌向右上托至面部，然後翻掌外旋向左雲撥（掌心向下），復以左腕爲軸，掌和小臂劃弧内斷（圖 M-41）。

（2）上動不停，左掌握拳回抱腰間，右拳從腰間向前衝擊（圖 M-42）。

要領：

（1）左脚向前上步後，脚尖要略内扣，以便能扣住對方的後脚跟。

（2）右拳向前衝擊時要順肩擰腰，力達拳面。

20. 吞樁取拳

（1）右腿屈膝，重心後移，左脚略回收成柳葉步；上動同時，左拳變掌外旋，從左向右腋下穿插（手心向下，小拇指一側朝前，五指朝右）（圖 M-43）。

（2）上動不停，左掌沿右臂下側向前推擊，右拳回收腰間（圖 M-44）。

要領：

左掌前推，右拳回抱，應與身體重心後移同時進行。

21.右攔左斬

（1）左脚略上提後向原地落步，上體右轉180°（面西北），右脚上提略回收再向原地落成柳葉步；上動同時，右拳變掌經面部外翻向右雲撥（掌心向外，五指朝上），左掌變拳回收腰間（圖M-45）。

（2）上動不停，右掌繼續向右下劃弧變拳回收腰間；左拳變掌，左小臂屈肘直立，左掌略外旋（掌心向右，五指朝上）隨身體右轉之勢向左側斬擊（圖M-46）。

要領：

右掌雲撥，左掌斬擊兩動要快速緊跟進行。

22.右推切掌

右脚向前上半步，左脚隨跟上半步成柳葉步；上動同時，右拳變掌（掌心向下，五指朝左），小臂微屈，用小拇指一側向前推切，左掌下落附於右腕三關旁同右掌一起向前推切（圖M-47）。

要領：

右脚向前上步與右掌前推兩動應協調一致，右掌前下推後應低於襠部。

23.抽掌子午手

（1）左脚後退半步，右腿隨後退半步仍成柳葉步；上動同時，左掌略上提後下推至右小臂内側（掌心斜向下，五指朝右）（圖M-48）。

（2）上動不停，左掌用掌外緣一側沿右小臂内側向前推動，右小臂屈肘回收，右掌側立在左腕關節上（圖M-49）。

要領：

左掌前推，右掌回收應在上體後退時進行。

24.右扭龍形步

（1）上體左轉135°（面南），左脚尖外擺，兩腿屈膝相交；上動同時，兩掌交叉於胸前（左掌在内，右掌在外，掌心向内，五指朝上）（圖M-50）。

（2）上動不停，兩掌繼續上舉至眉高外翻掌（掌心向外，五指朝上）向兩邊分撥（圖 M-51）。

（3）上動不停，左掌向左下劃弧握拳抱於腰間，右掌向右下劃弧於腰內側翻掌（掌心向上），上托至面前（圖 M-52）。

要領：

（1）兩掌向兩側分撥時，身體重心應隨之下降，兩腿屈膝微蹲。

（2）上體應隨右掌上托之時向右扭腰微轉。

25.斷掌追命拳

（1）上體右轉45°（面西南），右脚向前上一大步成右弓步；上動同時，右小臂略前伸，右掌以腕爲軸，內翻向下截擊（掌心向內、五指朝下）（圖 M-53）。

（2）上動不停，右掌變拳收於腰間，左拳向前衝打（圖 M-54）。

要領：

（1）左拳前衝打應與右手回收的同時進行，成拉鑽之勢。

（2）左拳前衝應順肩、擰腰、力達拳面。

26.天羅地網

（1）右脚向前上半步，左脚緊跟上大半步，重心後移成柳葉步；上動同時，右拳變掌從右側掄臂下劈至左拳前下（掌心朝內，五指朝左，小拇指一側朝下），左拳略曲肘回收（圖 M-55）。

（2）上動不停，右脚向前上半步成右弓步；上動同時，右掌外翻（掌心向上，五指朝前）用大拇指一側向斜前上方橫挑，左拳變掌（掌心向下）向左下斜拉（圖 M-56）。

要領：

（1）右掌掄臂下劈，要與右脚向前上步一致，劈掌要快速有力。

（2）右掌向右斜上方橫挑，力要達右腕。

27.吞樁取掌

（1）左脚後退半步，右脚向後退一步，重心移於左腿成柳葉步；上動同時，左掌右插於右大臂下（掌心向下）（圖 M-57）。

（2）上動不停，左掌外緣朝前，從右臂下向前推擊，右掌變拳回抱腰間（圖 M-58）。

要領：

（1）左掌前推後，應立即以腕爲軸挑掌立起（掌心向右，五指朝上）。

（2）左掌前推要與右拳回抱成拉鑽勢。

28.左攔右斬

（1）右脚略上提後原地落步，重心移向右腿，右腿微屈；上動不停，上體左轉180°（面東北）左脚略上提向原地落步成柳葉步；上動同時，左掌上托至眉高後翻掌（掌心向外，五指朝上），從右經面部向左雲撥（圖 M-59）。

（2）上動不停，左掌繼續向左下雲撥變拳抱於腰間，右拳變掌，從右掄臂向左斜斬擊（圖 M-60）。

要領：

左雲掌，右斬掌兩動要相繼一前一後緊跟進行。右斬掌的同時，上體應順勢略向左轉動。

29.左推切掌

左脚向前上半步，右脚隨向前跟上半步成柳葉步；上動同時，左小臂屈肘略前伸，左拳變掌（掌心向下）向前下斜推切，右掌從胸前下落至左掌腕內側隨左掌一齊前推（圖 M-61）。

30.拂擊一枝槍

（1）上體略右轉，左脚略上提後向原地下落，左掌內旋，從左向右經襠前上托至小腹部；上動同時，右掌上抬至眉高（圖 M-62）。

（2）上動不停，身體重心略前移，右掌內旋從上向右下（掌心向上）劃弧至襠前，左掌從下向右上（掌外旋，掌心向下）劃弧至額前（圖 M-63）。

（3）上動不停，上體右轉135°（面南），右脚略上提後原地落步成柳葉步，右掌上抬至胸高後成一枝槍，掌向前平伸，左掌同時內旋（掌心向上）成一枝槍掌下落至右腕上同右手一起前伸（圖 M-64）。

要領：

兩掌運動時，上體要隨兩掌靈活轉動，掌心相對均成抱球狀。

第四段：

31. 順風單擺蓮

（1）上體左轉90°（面東），左脚向前上步成左弓步，左掌外翻（掌心向外，五指朝上）經面部向左雲撥後變拳收於腰間；上動同時，右小臂屈肘，右掌直立（五指朝上，掌心向内）經面部向左格撥（圖 M-65）。

（2）緊接上動，右掌運行至頭的左側時，左拳變掌向右推擊右腕；上動同時，上體右轉90°（面南）變右弓步，右掌變陰蒂（五指并攏成鈎狀，鈎尖朝下）同左掌一起向前直臂衝擊（圖 M-66）。

要領：

左掌左雲，右掌左格兩動要相隨進行。

32. 吞椿陰陽掌

左脚後退半步，重心移至左腿，右脚回收一步成柳葉步；上動同時，左掌先直臂下擺至左大腿一側，右陰蒂變掌用掌外緣一側向襠下斜砍（掌心向左，五指朝下），左臂屈肘，左掌（掌心向右）相應從右掌外側向右上挑并立於右肩旁（圖 M-67）。

要領：

身體後撤應與襠下陰陽掌同時進行。右掌斜下砍要快速有力。

33. 開弓射箭

上體略右轉，右脚尖外擺，身體重心下降，兩腿屈膝交叉，右臂屈肘，右掌變拳上架於頭上，左掌前伸中食兩指，從右小臂一側向前點擊（圖 M-68）。

要領：

（1）右臂屈肘上架時，右肘應向後倒擊。

（2）向前點擊的左二指應與右臂上抬同時進行。

34. 雲霧兩標

（1）上體左轉90°（面東），上動同時，左臂略屈肘回收，左二指標變掌，左掌外旋（掌心向外，五指朝上）經面前向左雲撥，右拳收於腰間（圖 M-69）。

（2）上動不停，左掌繼續向左下雲撥後抱拳收於腰間，右拳變掌（掌心向内，五指朝上），從右經面前向左格撥（圖 M-70）。

（3）上動不停，上體右轉90°（面南），右脚向前上步成弓步，左拳變掌外旋，前伸中、食二指從右小臂上向前點擊，右掌變拳回抱腰間（圖 M-71）。

（4）上動不停，右拳變掌外旋前伸點中食兩指，左二指標變拳收抱腰間（圖 M-72）。

要領：

（1）左掌左雲，右掌左格時，上體要相應左轉。

（2）左標手前點時，上體要相應右轉。

（3）左右兩標要快速連貫。

35.羅漢劈柴

（1）上體左轉90°（面東），右手握拳回抱腰間，左拳變掌向右上，經面前（掌心朝後，五指朝上）直臂向左格擋（圖 M-73）。

（2）上動不停，左腿屈膝成左弓步，左掌變拳收抱腰間，右拳變掌後右劃弧向上掄臂下劈（圖 M-74）。

要領：

上體左轉，左右弓步的變換要快，右掌掄臂要以肩關節爲軸，直臂上掄下劈，力達掌根。

36.仆步閃跌

（1）右膝略屈内扣，右掌直臂下落至襠前，左拳於右掌内向右穿插變掌（兩掌心向内，十指朝下）（圖 M-75）。

（2）上體右轉90°（面南），右掌從右經襠前向左上，經面前向右下掄臂反掌，左掌從右下經襠前向左下，左上掄臂再向右經面前屈臂停於右上臂前；上動同時，左腿屈膝仆步全蹲閃跌（圖 M-76）。

要領：

上體穿掌與下肢屈膝仆步全蹲閃跌應同時進行。

37.順風雙擺蓮

（1）左轉90°（面東），上體直立成左弓步，兩臂屈肘，兩掌同時從右經面前向左雲撥（兩掌心相對）（圖 M-77）。

（2）上動不停，上體右轉90°（面南），身體重心前移成右弓步，兩掌同時變成陰蒂，從左經面前向前衝擊（圖 M-78）。

要領：

（1）身體重心應以腰爲軸，隨兩手前後擺動而快速移動。

（2）雙手經面前向左雲撥再向右衝擊要快速圓活，一次完成。

38.牽帶龍形手

（1）右脚向左脚後退插步，雙陰蒂同時變掌（兩掌心相對，十指朝下）成抓握狀，向左下側牽帶（圖 M-79）。

（2）上動不停，上體略右轉，身體重心下降成龍形步，左掌依附於右掌三關傍，右掌變拳（掌心向内），以肘爲軸，從左向右斜前方反擊（圖 M-80）。

要領：

雙手成抓握狀向左下側牽帶要與右脚後插同時進行。

39.月下偷桃

（1）以左脚跟、右脚尖爲軸心，上體從右向後轉體180°（面北）成柳葉步，左掌内翻（掌心斜向上，五指微屈）下降至左襠前，右拳變掌内翻（掌心向下，五指朝左），停放在右胸前（圖 M-81）。

（2）上動不停，右脚向前上半步，左脚隨跟半步成柳葉步；上動同時，左掌從襠下上勾提至左胸前，右掌掌外緣一側沿左臂向下切推（圖 M-82）。

要領：

（1）右後轉體要快速靈活。

（2）左手偷桃上提與右手下切推，一上一下要同時進行。

40.周倉扛糧

（1）上體左轉90°（面西），左脚向前（南）上半步；上動同時，右掌直臂從下經面前外翻上抬至頭上（掌心向外，大拇指一側朝下，五指朝左），左掌於右臂内側直臂下插至襠下（掌心向外，五指朝下）(圖 M-83)。

（2）上動不停，身體重心移至兩腿中間，兩腿屈膝成馬步，右掌抓握拳從頭上向右横拉，左掌變拳從襠下向左上劃弧并屈肘上挑（拳與肩高）(圖 M-84）。

要領：

（1）上體左轉與右手頭上抓握向右橫拉，左拳從襠下前伸上挑，以及身體重心移向中間要協調一致。

（2）右手抓握拳向右橫拉應與左拳上挑同時進行。

41.白蛇吐信

（1）上體右轉90°（面北），身體重心略右移，左拳變掌（掌心向上）從左向右下托至襠前，右拳變掌內旋（掌心向下）（圖M-85）。

（2）左掌繼續向右上托至身體右側，右掌向右下雲撥至身體右側內旋（掌心向上），然後下落於左掌下交叉（圖M-86）。

（3）上體左轉180°（面南），身體重心右移成柳葉步，左掌外旋（掌心向下），左右兩掌變二指標掌從右經面前向左雲擺（左掌上，右掌下，掌心相對）（圖M-87）。

要領：

上體要以腰爲軸隨兩掌擺動而轉動。

42.關公抹鬚

（1）左脚後退半步與右脚平行站立（兩脚之間距離與肩同寬）；上動同時，兩掌下分（掌心向下）至身體兩側（圖M-88）。

（2）上動不停，兩掌內翻（掌心向上）從身體兩側直臂上抬至頭高後，兩掌內抱（掌心向下）沿身體中綫從上向下抹至小腹前（圖M-89）。

要領：

左脚後退要與兩掌下抹同時進行。

收式：

并步站立，左脚向右脚靠攏，全身放鬆，兩掌自然下垂於身體兩側，目向前平視（圖M-90）。

圖M-1

圖M-2

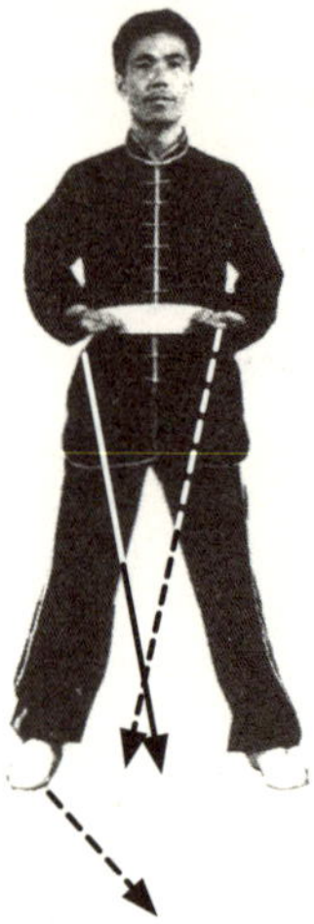

圖M-3

圖M-4

圖M-5

圖M-6

圖M-7

圖M-8

圖M-9

圖M-10

圖M-11

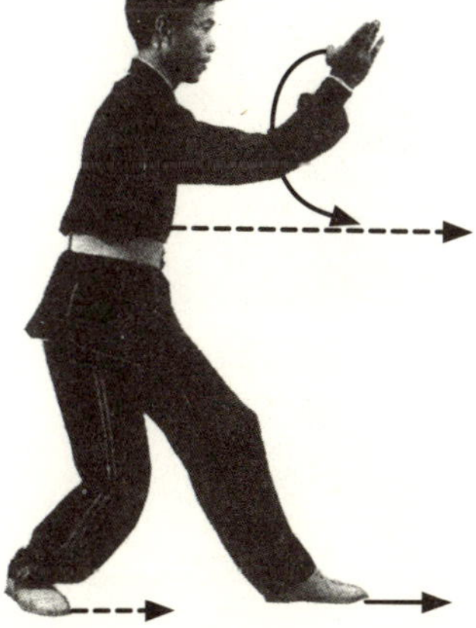

圖M-12

圖M-13

圖M-14

圖M-15

圖M-16

圖M-17

圖M-18

圖M-19

圖M-20

圖M-21

圖M-22

圖M-23

圖M-24

圖M-25

圖M-26

圖M-27

圖M-28

圖M-29

圖M-30

圖M－31

圖M－32

圖M－33

圖M－34

圖M－35

圖M－36

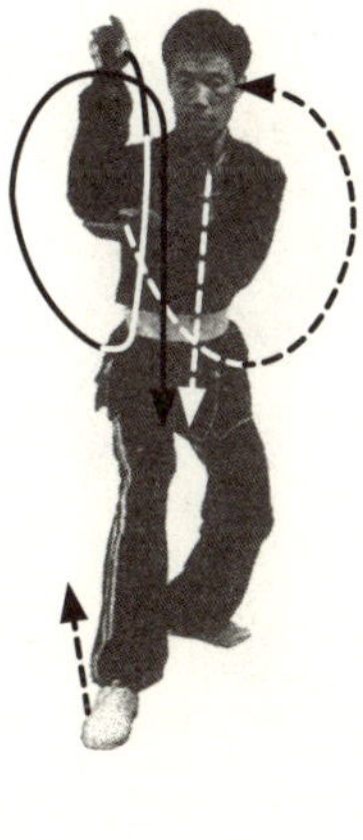

圖M-37

圖M-38

圖M-39

圖M-40

圖M-41

圖M-42

圖M－43

圖M－44

圖M－45

圖M－46

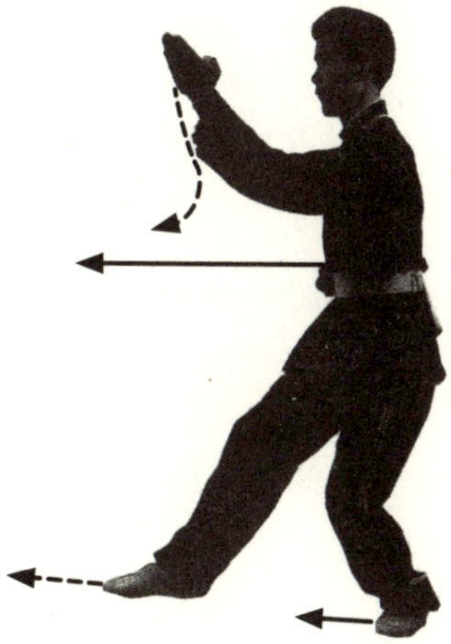

圖M－47

圖M－48

圖M-49

圖M-50

圖M-51

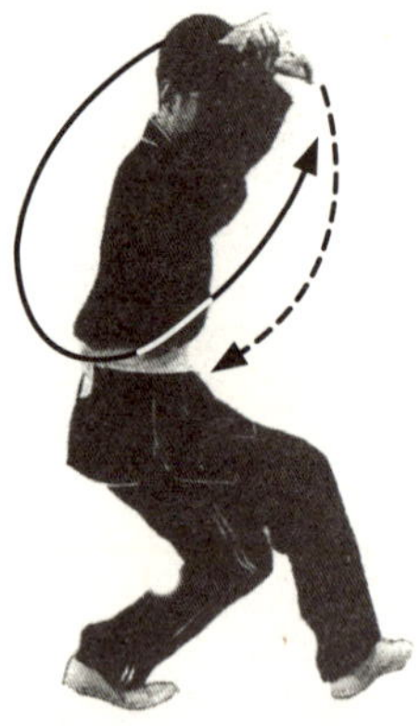

圖M-52

圖M-53

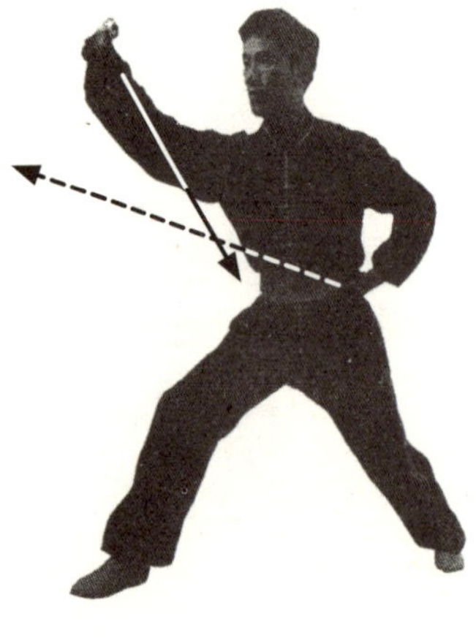

圖M-54

圖M-55

圖M-56

圖M-57

圖M-58

圖M-59

圖M-60

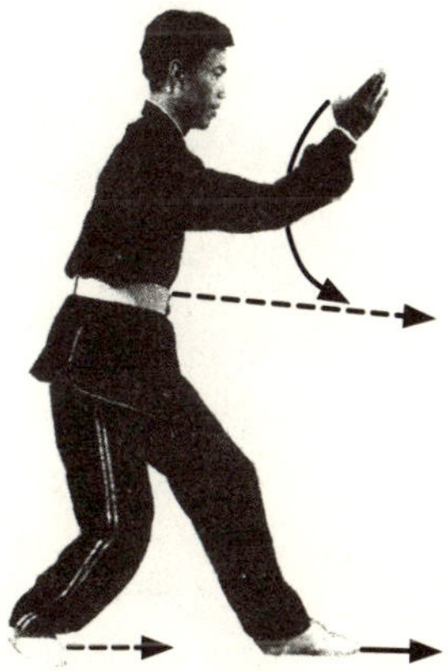

圖M－61

圖M－62

圖M－63

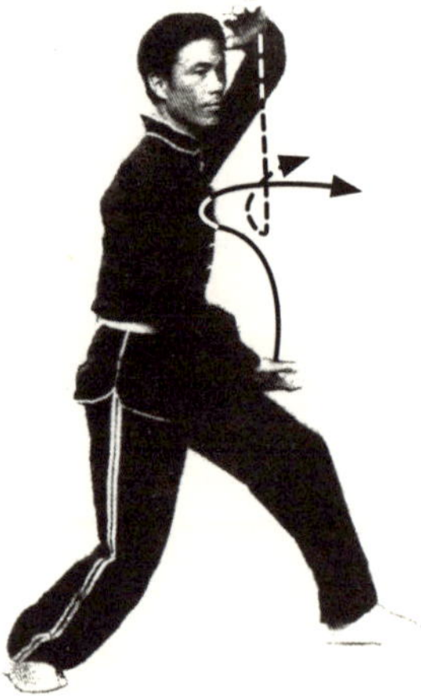

圖M－64

圖M－65

圖M－66

圖M－67

圖M－68

圖M－69

圖M－70

圖M－71

圖M－72

圖M－73

圖M－74

圖M－75

圖M－76

圖M－77

圖M－78

圖M－79

圖M－80

圖M－81

圖M－82

圖M－83

圖M－84

圖M－85

圖M－86

圖M－87

圖M－88

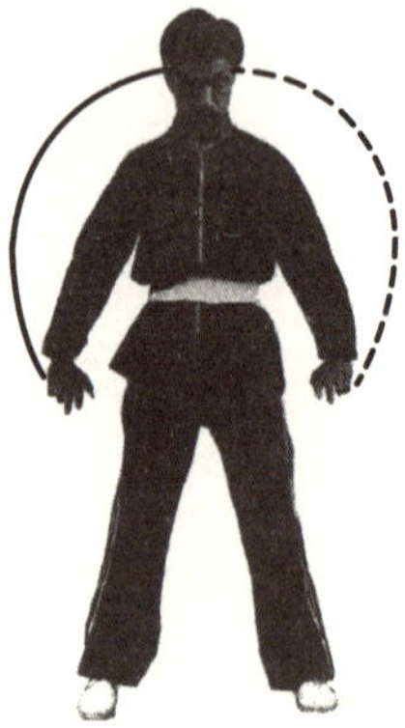

圖M－89

圖M－90

二　雙三門實用法

（一）　關公抹鬚（防守類型）

（1）甲、乙右柳葉樁相對站立（圖 N-1）。

（2）乙上左脚成左柳葉樁，向甲胸部衝打雙拳。甲左脚向前上半步成左柳葉樁；上動同時，兩掌從身體兩側掄臂上抬至頭高後，經面前向下按抹乙雙拳腕（圖 N-2）。

要領：

甲左脚上步應與兩掌掄臂下抹同時進行。

（二）　猿猴分爪（防守類型）

（1）甲、乙右柳葉樁相對立（圖 N-3）。

（2）乙右脚向前上半步，左脚向前隨跟上半步，雙拳同時向甲胸部衝打。甲右脚向後退半步成左柳葉樁，同時兩掌從腹前於乙雙小臂內向上、向外分撥乙雙拳腕（圖 N-4）。

要領：

甲分撥乙拳時，左掌應依附在右小臂上，兩掌心向內一齊上穿於乙雙拳中間後再外旋，掌心向外，分向兩邊。

（三）　右龍頭手（消打合一）

（1）甲、乙右柳葉樁相對站立（圖 N-5）。

（2）乙左脚向前上步成左柳葉樁，右拳同時向甲面部衝打。甲右小臂略上抬，右掌掌心向外於面部從左向右雲撥乙右拳腕（圖 N-6）。

（3）上動不停，甲右脚向前上半步成右弓步，右掌變右龍頭手向乙面部抓擊（圖 N-7）。

要領：

（1）甲右掌雲撥乙右拳腕時，只需偏撥少許便可前伸抓擊乙面。

（2）甲右掌雲撥應同前伸抓擊，連續完成。

（四） 左攔右斬（邊防邊打）

（1）甲乙左柳葉樁相對站立（圖 N-8）。

（2）乙左脚向前上步，右脚向前跟上步仍成左柳葉樁；同時，左拳向甲胸部衝打。甲右脚向乙左側上步成右柳葉樁；同時左掌從右向左雲摟乙左拳腕，右掌從右側向甲左肘橫斬擊（圖 N-9）。

要領：

（1）乙右脚向前上步應同左手雲摟和右手橫斬三動同時進行。

（2）甲左手雲摟抓握乙左拳腕後應向後拉牽。

（五） 推切掌（對抗類型）

（1）甲、乙左柳葉樁相對站立（圖 N-10）。

（2）乙左脚向前上半步，重心前移左腿，提右脚向甲襠彈踢。甲右掌依貼在左腕旁，同左掌一起略回收後再向前下推切乙右小腿腕（圖 N-11）。

要領：

甲應用左掌的外側推切乙小腿脛部。

（六） 封閉手（防守類型）

（1）甲、乙左柳葉樁相對站立（圖 N-12）。

（2）乙向甲襠彈右腿，面衝左拳。甲左脚向前上半步，右脚隨向前跟上半步成左柳葉步；上動同時，左掌由腹前下落從右向左挑撥乙右小腿，右掌曲臂上抬架乙左衝拳（圖 N-13）。

要領：

（1）甲左掌下挑撥乙右小腿，應先直臂速插至襠下，再向左挑撥。

（2）甲左脚向前上步應與左掌下插挑撥乙右小腿同時進行。

（七） 和尚敲鐘（消打類型）

（1）甲、乙左柳葉樁相對站立（圖 N-14）。

（2）乙左脚向前上半步，右脚隨向前跟上半步，仍成左柳葉樁；同時右掌變拳向甲面部衝打。甲右脚向前上一步成右柳葉樁；同時右臂屈肘，右掌變拳，從左向右橫格乙右小臂（圖 N-15）。

（3）上動不停，甲右直臂揮拳反砸乙面鼻（圖 N-16）。

要領：

甲右拳橫格與直臂反砸兩動應連續完成。

（八） 斷掌追打（邊防邊打）

（1）甲左柳叶樁，乙右柳叶樁相對站立（圖 N-17）。

（2）乙左脚向前上步成左柳叶樁，同時右掌變拳向甲胸部衝打。甲左脚向前上步成左弓步；同時左掌從上向下斷撥乙右拳腕，右掌變拳衝打乙面部（圖 N-18）。

要領：

（1）甲左斷掌應以腕關節爲軸，動作不宜大，只需將乙拳向左壓撥偏離身體則可。

（2）甲左斷腕應與右衝拳同時進行。

（九） 扭龍形步（防守類型）

（1）甲站右柳葉樁，乙站左柳葉樁相對而立（圖 N-19）。

（2）乙左脚向前上半步，提右腿彈甲襠，衝左拳打甲面。甲上體右轉，兩腿屈膝下蹲交叉成龍形步，左掌從左向右摟托右脚跟，右掌變拳屈肘上抬架乙左衝拳（圖 N-20）。

要領：

甲上體右轉，兩腿屈膝下蹲交叉與左掌右摟，右拳上架應同時進行。

（十） 吞樁取拳（消解類型）

（1）甲成左柳葉樁向乙胸部衝打右拳（圖 N-21）。

（2）乙成左柳葉樁，左手從下繞弧向上摟刁握甲右拳腕（圖 N-22）。

（3）甲右脚向後退半步，左脚隨向後跟退半步仍成左柳葉樁；上動同時，在右拳收抱腰間時，左掌掌心即向下，用掌外緣朝前從右小臂下向乙推切。乙在右掌回抱腰側的同時，左掌即從下而上刁抓甲掌腕（設乙用右手刁抓甲拳腕時，甲也可用此技法）（圖 N-23、圖 N-24）。

要領：

（1）甲右脚後退步的同時上體應向後吞。

（2）甲左掌向前推切時力求掌外緣推切乙手腕，右拳用力回收。

（十一） 天羅地網

（1）甲成左柳葉樁向乙頭反砸左拳；乙成左柳葉樁，屈左臂擋架甲右砸拳（圖 N-25）。

（2）甲右腿向乙左腿外上大步，同時左拳變掌抓握乙左拳腕回帶，右拳變掌掄臂直劈乙頭至襠下（圖 N-26）。

（3）上動不停，甲右直臂向右後斜上，用大拇指一側挑擊乙頸部（圖 N-27, 圖 N-28 ）。

要領：

（1）甲右上步應用右膝將乙左腿封死，使其不能退步。

（2）甲右掌掄臂一下一上應快速連貫。

（十二） 仆步閃跌（防守類型）

（1）乙左脚在前成左柳葉樁向甲面部衝左拳（圖 N-29）。

（2）甲右脚向前上步用右膝後封乙左腿，同時左手從右向左雲撥乙左拳腕，右臂從上向下掄臂至襠下（圖 N-30）。

（3）甲右掌直臂從下向右斜上挑擊乙胸頸，乙右腿仆步全蹲，上體隨向後下閃跌（圖 N-31）。

（十三） 順風單擺蓮（消打合一）

（1）甲、乙右柳葉樁相對而立（圖 N-32）。

（2）乙右脚向前上半步，左脚向前隨跟上半步仍成右柳葉步，右拳向甲面部衝打。甲上體右閃，右脚向前上步成右弓步；同時右掌曲臂屈肘，小臂直立，右掌從右向左橫格乙右拳腕（圖 N-33）。

（3）上動不停，甲右拳變陰蒂，沿乙右臂內側向乙鼻面打擊（圖 N-34）。

要領：

甲右小臂消格乙右拳腕和變陰蒂打擊鼻面要連續完成。

（十四） 開弓射箭（邊防邊打）

（1）甲、乙右柳葉樁相對而立（圖 N-35）。

（2）乙左脚向前上步成左柳葉樁，同時向甲面部衝打右拳。甲兩腿屈膝略下蹲；同時右臂屈肘上抬架右手并抓握乙右拳腕，左掌前伸中食兩指，向乙雙眼點擊（圖 N-36）。

要領：

（1）甲右掌抬架乙右拳腕時應抓握乙右拳腕向後拉帶。

（2）甲左二指標向乙雙眼點擊時，上體應右轉90°。

（十五） 順風雙擺蓮（消打合一）

（1）甲右柳葉樁，乙左柳葉樁相對站立（圖 N-37）。

（2）乙左脚向前上半步，右脚隨向前上半步仍成左柳葉步，同時雙掌變拳向甲胸部衝打。甲上體左閃，右脚向右斜前方上半步左脚隨跟上半步成右柳葉步；同時雙掌從右向左擺格乙雙拳腕（圖 N-38）。

（3）上動不停，甲雙掌變陰蒂向乙面部衝打（圖 N-39）。

要領：

甲雙擺掌後應立即變雙陰蒂向前衝打，兩動應連續完成。

（十六） 牽帶龍形手（消打合一）

（1）甲左柳葉樁，乙右柳葉樁相對而立（圖 N-40）。

（2）乙左脚向前上步成左柳葉樁，向甲胸部衝打右拳；甲左脚向右腿右側後撤步兩腿略屈膝；同時，上體略右轉，雙手從左向右雲摟抓握乙右腕，用力向右牽帶（圖 N-41）。

要領：

甲上體右轉與兩手牽帶乙右臂同時進行。

（十七） 月下偷桃（邊防邊打）

（1）甲、乙右柳葉樁相對而立（圖 N-42）。

（2）乙左脚向前上步，右拳向甲面部衝打。甲右脚向前上半步成右弓步；右臂屈肘抬架乙右衝拳，左掌從下向前下伸插掏乙襠（圖 N-43）。

要領：

甲向前上步，右臂架拳，左手掏襠三動要同時進行。

（十八） 周倉扛糧（扛摔類型）

（1）甲右柳葉樁，乙左柳葉樁相對站立（圖 N-44）。

（2）乙左脚向前上半步，右脚向前跟上半步仍成左柳葉樁，右拳向甲面部衝打。甲右脚向前上步成馬步樁；同時左臂上抬，左手抓握乙右拳腕向後牽帶，右臂屈肘握拳，從下向上挑扛乙襠（甲如果是左臂從下向上挑扛乙襠，則以上動作同右臂挑扛乙襠相反）（圖N-45、圖N-46）。

要領：

（1）甲左手抓握乙右小臂後應向後快速牽帶，這樣迫使乙身體靠近自己的身體，爲右臂挑扛創造條件。

（2）甲右臂挑扛乙襠時，右肩應先下沉，後上抬帮助右臂將乙從頭上摔出。

圖N−1

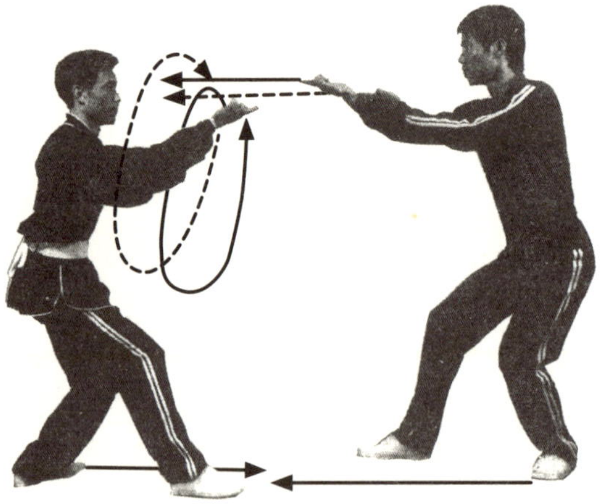

圖N−2

圖N−3

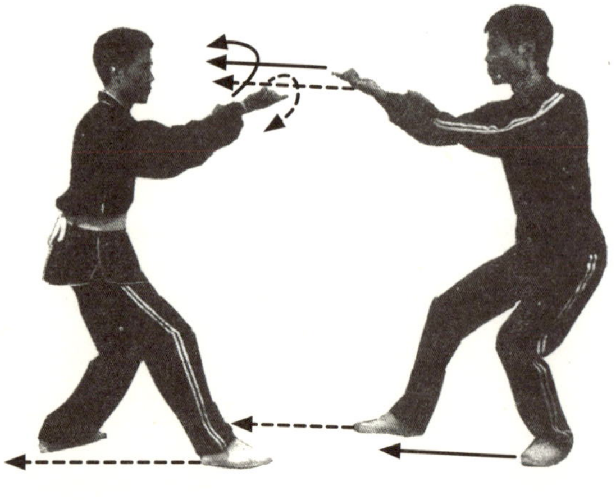

圖N−4

圖N−5

圖N−6

圖N−7

圖N−8

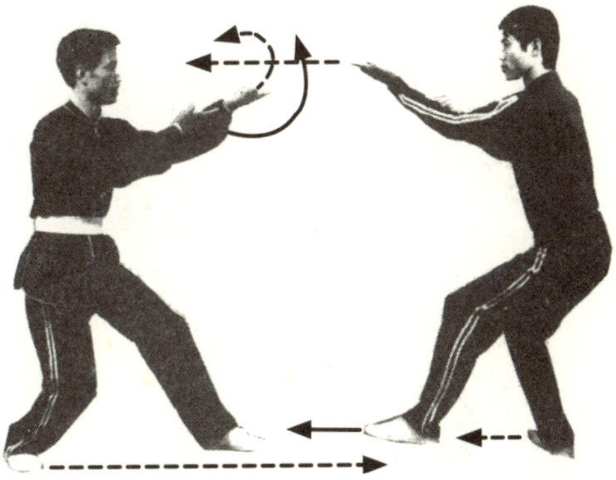

圖N−9

圖N−10

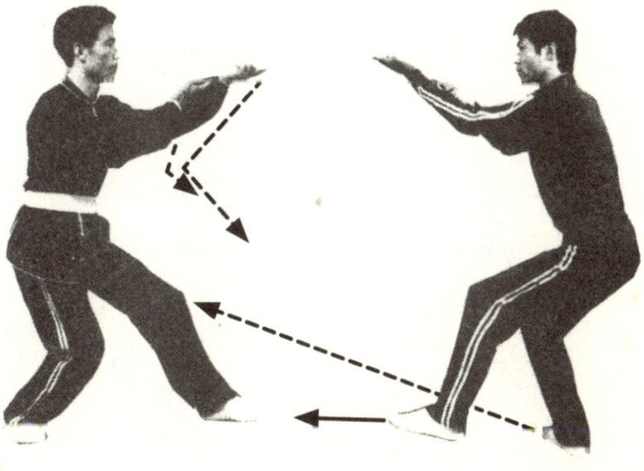

圖N－11

圖N－12

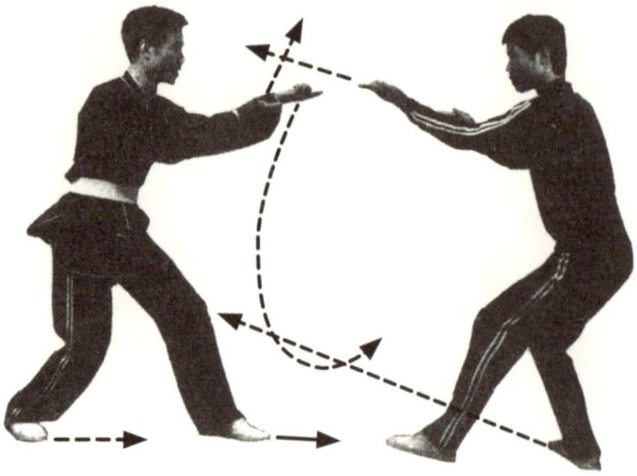

圖N－13

圖N－14

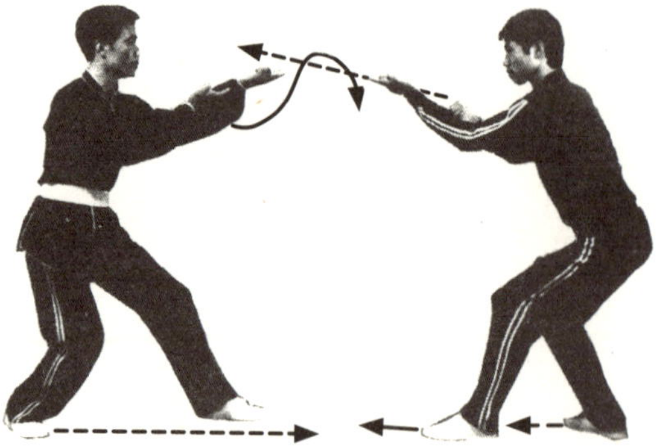

圖N－15

圖N－16

圖N－17

圖N－18

圖N－19

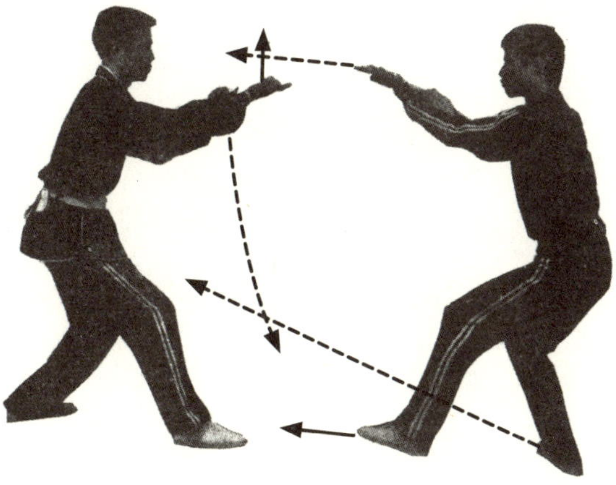

圖N－20

圖N－21

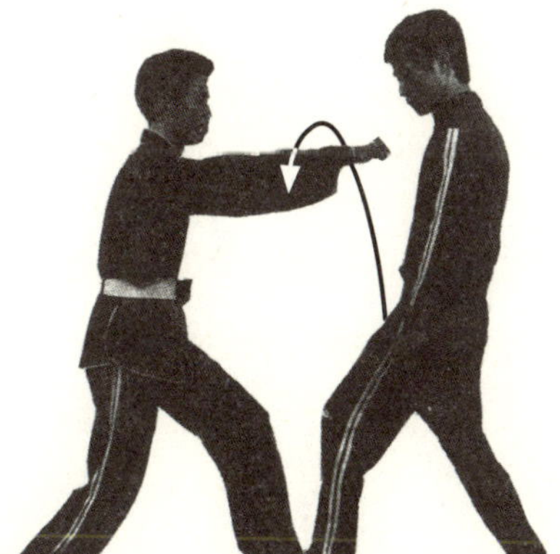

圖N－22

圖N－23

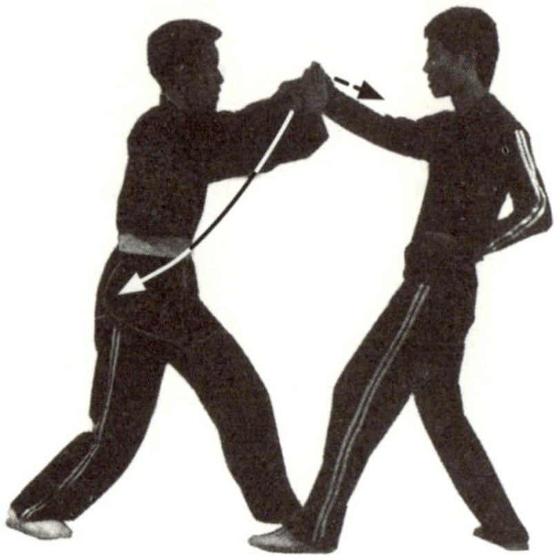

圖N－24

圖N－25

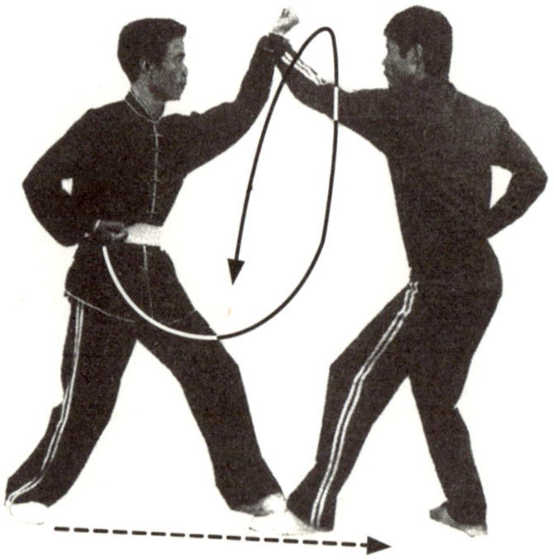

圖N－26

圖N－27

圖N－28

圖N-29

圖N-30

圖N-31

圖N-32

圖N-33

圖N-34

圖N-35

圖N-36

圖N-37

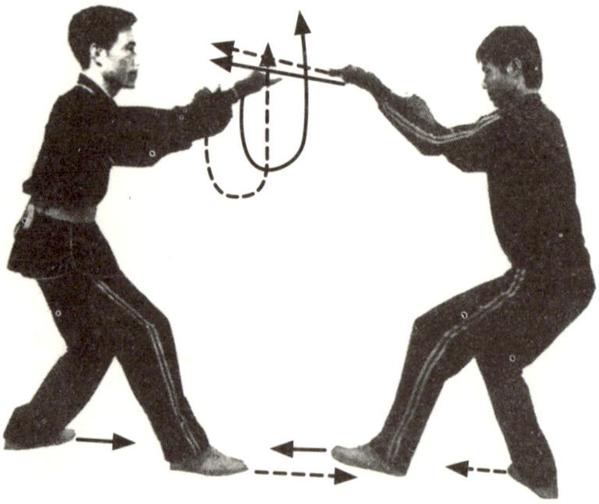

圖N-38

圖N-39

圖N-40

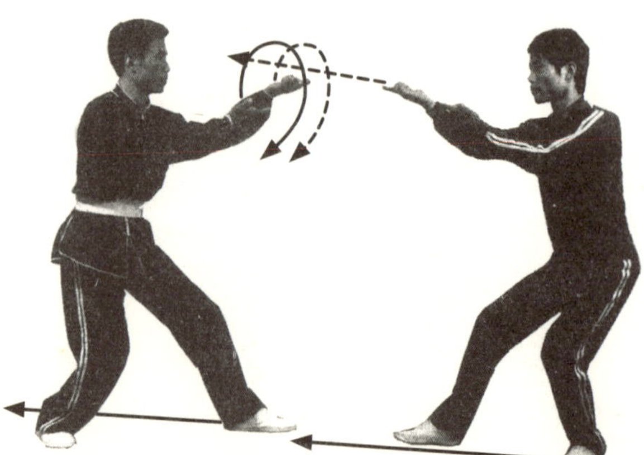

圖N-41

圖N-42

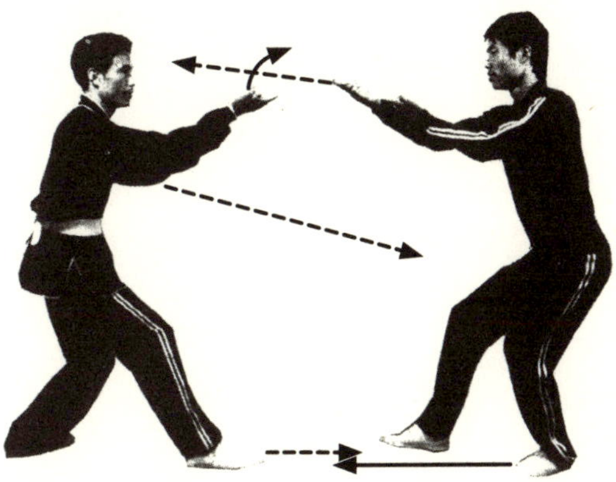

圖N-43

圖N-44

圖N-45

圖N-46

附　　録

一　十二時辰穴位歌

人身有三十六大穴，七十二小穴（見圖六、圖七“十二時辰穴位圖”）。大穴即人身死穴，一般功力較強的人，只要能認準穴位，不論什麼時候用什麼手法點擊都行。七十二小穴分布在人身四肢或胸腹較深部位，一般功力較差的人在點擊時很難起到立竿見影的效果（這裏鄭重說明：練點穴的目的是爲了治病防身，決不能用以傷人）。這是本門前輩在長期實踐中摸索出來的有關人體十二時辰血液循環與點穴有密切關係的經驗總結。即在點穴時，如能結合十二時辰血液循環，那將更是事半功倍。十二時辰穴位歌摘抄如下：

子時血氣正朝心，人睡如同命歸陰。
神封相傳是貫衝，以行臟腑和氣清。

丑時不宜破天空，百會穴在頭頂中。
若是傷重身破了，縱有妙藥也歸陰。

寅時穴位在眉心，二龍戲珠兩眼睛。
眉心印堂人中穴，用藥醫治要分清。

卯時受傷七孔通，廉泉穴裏可跟蹤。
血流七孔牙關閉，華佗轉世勞無功。

七星過渡正辰時，只怕歹手點啞門。
久歇咳嗽失了音，神仙妙藥也難行。

巳時血氣衝下山，天突被點兩眼翻。
手重妙藥都難救，手輕即用回生丹。

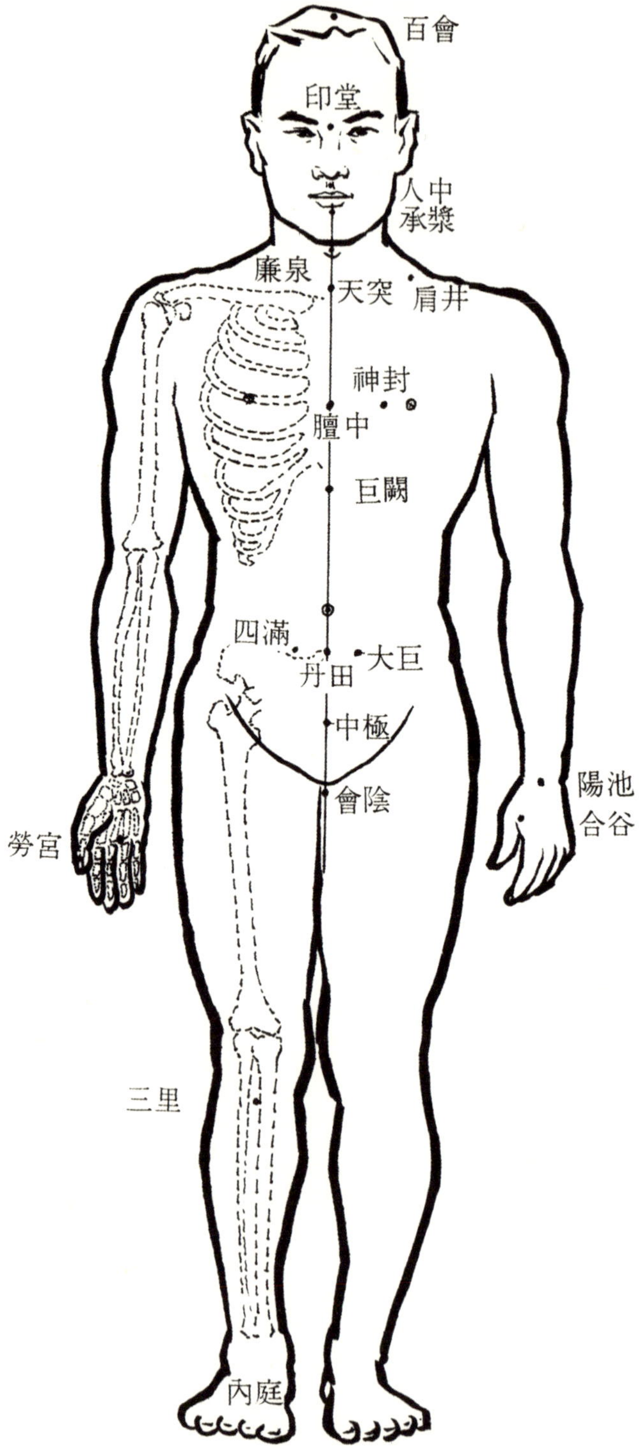

圖六　十二時辰穴位圖——人體正面

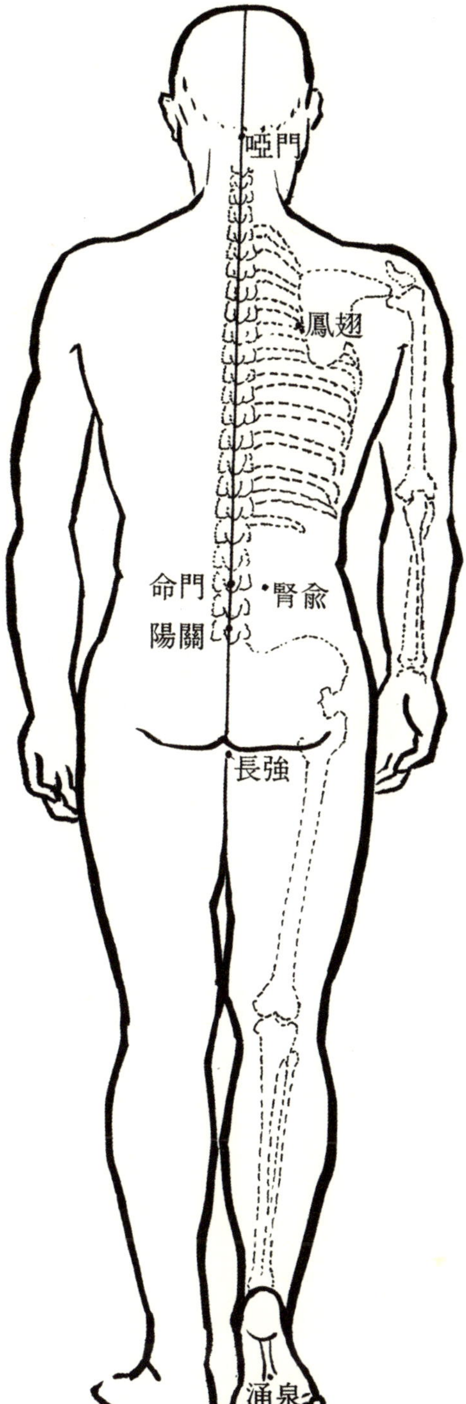

圖七　十二時辰穴位圖——人體背面

午時血氣到勞宮，陽池合谷曲迴行。
若如此時點中了，血氣蓮茅醫不靈。

未時止血分臆胣，大巨四滿横綫連。
肚角陽食行時共，手重七日輕半年。

申時血氣在腰中，命門陽關大路通。
苦打腎俞人自笑，任是仙丹也落空。

白蛇進洞忌酉時，點擊長強正適宜。
二仙傳道此時用，華佗來救也是遲。

銅壺滴漏忌戌時，月裏偷桃也相宜。
受傷不宜先服藥，炒熱早谷扳會陰。

亥時血氣轉地空，將轉涌泉内庭中。
一時三穴萬同用，十二時辰要精通。

二　點穴與解法

岳家拳點穴與解法是本門只能心傳口授、秘不外傳的上乘功法。它的點穴手法較多樣：有一指（食指）點法；二指（中指，無名指）點法；器械尖端點法和拳擊法。用指點穴時，前伸食指或中指，無名指，其他手指微屈，將全身的力量集中在指端，認準穴位，快速點擊；用器械尖端點穴，只需要將力點用在尖端上，認準穴位點擊即可；拳擊法就是用拳頭照穴位直擊，拳頭打擊面積較大，一般只打擊頭部較薄弱的穴位。

因各穴位所在的地方不同，加上點擊的手法多樣，所以在解法上也不能一概而論。現將有關穴位的點法與解法簡介如下：

百會穴：可用栽拳打擊。輕傷者，頭昏眼花，兩耳齊鳴；重傷者，倒地人事不知。

解法：用雙手大拇指按住傷者太陽穴向上推九次，扯住頭髮往後拉三下，將手握住下頰上托三次後旋轉三下即解。

鳳翅穴：用一指點法點擊。傷重者，胸悶氣喘，如不及時解救，七日後必吐血；輕傷者，半身腫痛，手不能舉。

解法：用大拇指揉按穴位後向腋下連推九把，將耳尖向上提三下，再用手掌按耳門搡三次，後服藥必解。

肩井穴：用一指點法點擊。傷者兩臂酸麻，全身疼痛無力。

解法：將傷臂各穴揉按一下，後從上到下至掌指連推九把，再扯住手指搖動拉三下，傷必解。

三里穴：棍棒或二指點法點擊。傷者，足不能提，朝夕難行。

解法：將傷者迎面而坐，合用雙手將受傷腿向下連推九把，再提動腰筋即解。

合谷穴：用大拇指按拿穴位，傷者全身麻軟無力。

解法：用手在痛處用力搓熱，沿小臂至大臂上推九把，再旋轉五指即解。

巨闕穴：用二指點法點擊。傷輕者，心絞痛；重傷者，人事不知。

解法：將傷者扶起坐定，在後背心輕扣三拳即解。

中極穴：用棍梢或二指點中，傷者小便不出，疼痛難忍。

解法：即用空心拳從小腹至襠下一擂，雙手往下推九把，將勾子穴（肛門中）中粗筋提動後再將龜頭下拉三下，即解。

盆谷穴：用二指點擊。重傷者，肚痛難忍，嘔吐不止；輕傷者，氣行不暢，茶飯不思。

解法：先提動頸上氣筋，後用二指經頸上推九把，上揪頭髮，掇下頰，右肚角受傷向左提，左肚角受傷往右提，各連提三下，再向下拉手三下即解。

命門穴：用二指，拳，棍梢尖點中。重傷者，倒地口吐白沫，眼上翻，人事不知；輕傷者，全身無力。

解法：①先將傷者頭向上提三下。②再將傷者的頸，腰，脇下的筋提動三下。③最後，傷者俯臥在地，醫者用膝跪背，雙手扒肩往後拉三次，即解。

腰俞穴：用拳、二指、棍梢點中，傷者夜不能臥，疼痛難忍；重傷者，狂笑不止。

解法：傷者坐立，醫者雙手拉起傷者雙手往上提九次，再提傷者腰筋、背筋、脇下前後筋、頸後筋，後用空心拳錘打背腰三次即解。

三　點穴急救秘方

1.　心窩穴點傷急救藥方

枳殼3克，厚朴3克，桃仁3克，
蒼术3克，薤白3克，歸尾3克，
生大黃3克。　水煎童便引服。

2.　百會穴點傷急救藥方

天麻15克，藁本15克，廣木香12克，
羌活15克，青木香12克，骨碎補6克，
赤芍6克，紅花3克，製川烏6克，
甘草6克。　共研末，適量酒下葱引服。

3.　印堂穴點傷急救藥方

當歸9克，生地6克，防風6克，
天麻6克，白芷15克，川芎6克，
三七9克，肉桂3克，白芍3克，
甘草6克。　共研末，適量酒下葱引服。

4.　人中穴點傷急救藥方

白芷15克，天麻15克，血竭9克，
肉桂9克，製自然銅3克，土鱉3個，
麝香0.6克，冰片0.3克，甘草3克。　共研末，適量酒下葱引服。

5.　咽喉穴點傷急救藥方

熊胆0.3克，三七3克，廣木香6克，
廣陳皮3克，白芷6克，歸尾9克，

麝香0.6克，肉桂3克，甘草3克，
木通6克。　共研末，適量酒下葱引服。

6.　肚角二穴點傷急救藥方
當歸9克，白术6克，樟腦1.5克，
生地15克，川芎6克，丁香3克。　共研末，適量酒下服。

7.　命門穴點傷急救藥方
歸尾6克，川芎6克，生地6克，
杜仲3克，續斷6克，蘇木3克，
沒藥3克，乳香（去油）3克，
烏藥3克，木通3克，
澤蘭3克，桃仁（去皮尖）14粒，
肉桂3克，甘草3克，木香2克，
生薑3片，小茴香3克，破故紙3克。　水煎服，米酒童便引服。

8.　曲池穴點傷急救藥方
五加皮6克，桂枝6克，胆草6克，
淮牛膝15克，柴胡6克，細辛3克，
紅花6克，生地15克，丁香6克，
三七3克，桂皮6克。　共研末，適量酒下葱引服。

9.　合谷穴點傷急救藥方
桔梗9克，川芎9克，三七9克，
木香9克，細辛3克，桂皮9克，
胆草9克，丁香6克，淮牛膝15克，
廣陳皮9克。　共研末，適量酒引服。

10.　丹田穴點傷急救藥方
青皮9克，丹皮9克，車前30克，
三七9克，上肉桂15克，山藥6克，
丁香6克，木通15克，麝香0.3克。　共研末，適量酒下葱引服。

11. 涌泉穴點傷急救藥方

淮牛膝15克，木瓜15克，苡仁15克，
五加皮15克，青皮15克，丹皮15克，
大黃15克，歸尾15克，羌活15克，
車前15克，細辛3克，夜明砂15克，
獨活15克，樟腦1.5克。　共研末，適量酒下服。

12. 接氣還魂回生丹

專救打傷各項，氣絕在地：廣木香15克，沉香15克，皀角9克，
北細辛6克，辰州硃砂15克，血竭15克，
歸尾15克，枳殼15克，麝香1.5克，
甘草6克，冰片6克。　共研末，適量水下服即見效。

後　　记

岳家拳是中國民間傳統武術的重要組成部分，在鄂東一帶廣爲流傳，享有較高聲譽，深受當地人民喜愛。筆者自幼從父學習岳家拳，早有心願將其整理成書，以供廣大武術愛好者研究。1979年，國家提出了“關於挖掘整理武術遺產，繁榮武術運動，爲實現四個現代化服務”的號召，使我鼓起了勇氣，遍訪本門老拳師，當面請益，歷時四年，寫成這本小册子。本書在編寫過程中承流沙老師指教，照片承學生儒艷陪練，國寶先生補照，在此表示感謝。